U0830353

《牛道嘉》蒋志鑫作品

投资大趋势

·券商天团篇·

央视财经◎编

海南出版社
·海口·

图书在版编目（CIP）数据

投资大趋势．券商天团篇 / 央视财经编．-- 海口：海南出版社，2021.4

ISBN 978-7-5443-9848-0

Ⅰ．①投… Ⅱ．①央… Ⅲ．①投资－经济发展趋势－研究－中国－2021 Ⅳ．①F832.48

中国版本图书馆 CIP 数据核字（2021）第 050725 号

投资大趋势·券商天团篇

TOUZI DA QUSHI · QUANSHANG TIANTUAN PIAN

编　　者：央视财经
出 品 人：王景霞　谭丽琳
监　　制：冉子健
选题策划：张　琳　姚振山
编辑统筹：宣佳丽
责任编辑：张　雪
执行编辑：于同同　郑金波　余传炫
责任印制：杨　程
印刷装订：三河市祥达印刷包装有限公司
读者服务：唐雪飞
出版发行：海南出版社
总社地址：海口市金盘开发区建设三横路 2 号　邮　　编：570216
北京地址：北京市朝阳区黄厂路 3 号院 7 号楼 102 室
电　　话：0898-66812392　010-87336670
投稿邮箱：hnbook@263.net
经　　销：全国新华书店经销
版　　次：2021 年 4 月第 1 版　　印　　次：2021 年 4 月第 1 次印刷
开　　本：880mm × 1230mm　1/32
印　　张：7.625
字　　数：160 千字
书　　号：ISBN 978-7-5443-9848-0
定　　价：46.00 元

【版权所有，请勿翻印、转载，违者必究】

如有缺页、破损、倒装等印装质量问题，请寄回本社更换。

编 委 会

（排名不分先后）

柯成韵	张　琳	姚振山	王景霞
谭丽琳	冉子健	张晓丽	侯　杰
王　冠	罗　敏	张　宁	陈雨芫
于小曼	李天路	肖　榕	张婷敏
李　渊	王　聿	杨一然	王雪晴

编者序一

张琳　中央广播电视总台财经频道主持人

资本市场一端联接着投资者，一端联接着实体经济，在现代经济和金融运行中，牵一发而动全身。

2020 年 3 月 9 日，美股出现几十年不遇的熔断，而且竟然在十天之内出现了四次，就连 90 岁的投资大师巴菲特都不得不感叹：活久见！更引发了大家对全球经济的担忧。基于当时市场的热度和困惑，央视财经迅速策划制作了 30 期《财经云直播：全球交易市场直击》系列直播，全平台总点击量超过 2 亿次。

这次全新的尝试，让我们感受到，大家对于专业和深度的财经知识有强烈的需求和期待。而作为国家级的主流媒体，定位于“专业、权威、价值”的央视财经，有能力也有责任源源不断地为大家提供优质财经内容。

2020 年年末，中国经济在全球一枝独秀，A 股指数不断上行，越来越多的人在谈论股市的热点变化，身边的亲朋好友都在关注各自的基金收益。职业的敏感性告诉我，市场需要专业和理性的声音，于是《投资大趋势》系列直播应运而生。从 2021 年 1 月 4 日第一个交易日开始，连续 30 天的超长直播，我们精选了来自不同类型的机构投资者和研究者代表，有新兵，有老将，他们对于中国资本市场发展的观察感受，以及对当前市场变化的判断分析，就像是各个不同的切面集中在一起的立体呈现。

股市投资不是撞大运，而是一个学习积累的过程，一段修行的旅程，一场与人性弱点的较量。

今天，我们将直播的内容通过文字的方式沉淀下来，多重视角、层层递进、抽丝剥茧，试图让投资者在享受一场财经盛宴的同时，未来可以用更加专业、理性、全面、长情的眼光，去看待这个市场，去对待自己的投资行为。

2021 年对于中国资本市场，乃至整个中国经济，都是一个新的历史节点。站在这样一个拐点之年，面对扑面而来的权益投资大时代，你的选择会是什么我们不得而知，但央视财经和我们每一位财经媒体人，愿和你一起学习，相伴成长，共享中国经济增长的红利！

编者序二

姚振山　中央广播电视总台财经频道主持人

股市是个多解的方程。

上涨，有不同的理由解读；下跌，也有不同的理由解读，没有标准答案。

这也正是股市的魅力，没有人能够次次预测准确，一切都是概率，下一次买卖总是新的开始。

进入股市，可以是为了求知，了解投资这门学问；可以是为了淬炼自己的性格，学会如何面对人性中的贪婪和恐惧；也可以专门为财富积累而来，找到适合自己的理财方式。

股市里，多空论战应接不暇，培训课程花样繁多，研究报告汗牛充栋，热点事件层出不穷。芸芸众生被吸引，被诱惑，被兴奋，被悲伤，蜂拥而至，流连忘返。

常有开幕，鲜有闭幕。

很难有一个市场，让人的七情六欲能够展现得淋漓尽致：时而欲哭无泪，时而飘飘欲仙，时而蠢蠢欲动，时而痛不欲生，时而望眼欲穿，时而惊喜欲狂。总之，欲罢不能。

工欲善其事，必先利其器。

希望《投资大趋势》系列，能给多解的方程贡献多个正确答案。希望求知者了解股票投资行业的规律，希望性格淬炼者了解投资需要具备的坚韧、专注、自信和孤独；希望为想要实现财富增值的人提供打开财富之门的钥匙。

无论是资深的行业研究人士——能用最宽阔的视野看待产业变迁，还是阶段性的收益率新贵——能够敏锐地捕捉高增长的红利，抑或是经历过多个牛熊转换未被市场淘汰的“老戏骨”——表现出来的稳健和淡定，相信“总有一款适合你”。

找到属于自己的答案，让投资变得简单。

序 一

从分享中受益

屠光绍 上海新金融研究院理事长
上海交通大学上海高级金融学院执行理事

由央视财经编写的《投资大趋势》系列丛书，通过证券、公募基金和私募基金多位资深从业者的视角，回顾了中国资本市场过去 30 年波澜壮阔的发展历史，分析了当前资本市场的现状，也对中国资本市场今后发展的方向和趋势进行了展望。此书既是从中国资本市场重要参与者的视角观察了解资本市场的生动媒介，也是资本市场投资者丰富金融知识和提升投资意识的有益之作，值得一读。

经过 30 年的发展，中国 A 股市场目前有超过 1.8 亿个开户帐户，投资者众多。广大投资者，尤其是新开户的投资者，如何认识和了解投资相关知识，如何理解中国证券市场，以及如何树立自己的投资哲学和投资理念，都是中国资本市场进一步发展过程中非常重要的问题。

人们试图了解和理解一个事物，往往可以通过两种不同的方式。一种方式是通过自己学习、研究和实践去体会；而另外一种方式则是通过其他人的认知、体会和实践来认识。当然，如果能将自己的学习实践和别人的经验体会结合起来就是更有效率的方法，了解和认识金融市场也是如此。为了能够更加充分地了解证券市场，广大投资者可以通过自己的学习和实践，付出真金白银的学费；也可以通过其他证券市场的参与者，尤其是深度实践者的亲身经验、体会和教训，来了解证券市场的发展，学习投资技能，培养自身的投资意识和素质。因此《投资大趋势》系列丛书的编写者做了一件有意义的事。

本系列丛书所聚焦的人员，既有来自证券公司的翘楚，也有来自公募基金和私募股权基金的精英，大都是资本市场的资深参与者。他们不但有关于丰富的资本市场理论知识和实战经验，而且不少还有在中国 A 股市场管理投资的影响力和口碑。正是基于这些经验和成绩，本系列丛书把他们的经验和体会分享给读者，不但能给读者了解中国资本市场提供独特的视角，而且能给读者带来丰富的启示。

资本市场的发展，离不开资本市场参与者的共同努力。作为中国资本市场发展过程的参与者和研究者，我对中国资本市场发展的历史、现状和趋势一直关注，因此我推荐本系列丛书给大家，希望热情参与资本市场投资、有志于推动中国资本市场发展的读者朋友们能读读此书。

是为序。

序　二

中国资本市场三十年：三座丰碑，一个目标

吴晓求　中国人民大学学术委员会副主席　金融学一级教授
中国资本市场研究院院长
中国人民大学原副校长

从1990年年底到现在，中国资本市场亦即沪深交易所的建立和运行已经三十年了。“三十而立”的中国资本市场正在展现新的希望，迈向新的台阶，奔向新的目标。

三十年来，中国资本市场虽历经坎坷，但终于走出来了，取得了不凡的成绩：从13家上市公司到现在的超过4100家上市公司，从几十亿元市值到近80万亿元市值，从几十万投资者到今天的1.8亿个开户帐户，金融资产和社会财富得到了快速增长。

三十年来，资本市场发展对中国社会进步和经济发展产生了广泛而深刻的影响。三十年来，我们进行了艰苦卓绝的探索，不断改革，不断前行。三十年艰难探索，留下了三座丰碑。

一是沪深交易所的创设和运行，是中国资本市场发展的历史起点，开启了中国金融“脱媒”的时代，是中国资本市场发展历史上具有开天辟地意义的第一座丰碑。

上个世纪90年代初创设的沪深交易所，对中国资本市场来

说，是开天辟地的伟大创举，是中国资本市场发展历史上第一座里程碑，意味着中国金融“脱媒”时代的来临，拉开了中国金融市场化改革的大幕。我们非常感谢那个时代改革的先驱者，那个时代资本市场创设的拓荒者。感谢他们的巨大勇气和智慧。在当时乃至之后相当长一段时间，人们并没有深刻地认识到，资本市场对中国经济发展和金融改革所具有的重大作用和深远意义。

二是股权分置改革，开启了中国资本市场制度规范的时代，是中国资本市场发展历史上的第二座丰碑。

由于历史的原因，中国资本市场在发展初期，上市公司存在两类股东：流通股股东和非流通股股东。从流动性角度看，这两类股东的股权处在分置状态，这种分置状态一直延续到 2005 年 5 月。市场实践和理论研究都表明，股权分置的制度设计，体现了在转轨经济条件下建立资本市场的智慧，但也不可避免地造成了上市公司两类股东利益的内在冲突，是上市公司做不好、走不远的重要制度障碍，是制约中国资本市场发展最重要的制度性原因。为了中国资本市场未来的发展，必须推动股权分置改革。

经过几年的探索和理论研究，在党中央、国务院的领导下，在中国证监会的积极推动下，在相关部门的有效配合下，2005 年 5 月，中国证监会正式启动了中国资本市场最波澜壮阔、利益最复杂的股权分置改革。到 2007 年 4 月，全面完成了股权分置改革，实现了市场全流通和上市公司股东具有共同利益机制的改革目标。

股权分置改革不仅有效地解决了股权分置对上市公司和市场带来的种种危害，构建了上市公司不同股东之间共同的利益机制，而且还实现了国有资产在改革中获得巨大增值、市场获得巨大发展的双赢局面。股权分置改革的成功，使中国资本市场进入了正确的发展轨道。所以，股权分置改革无疑是中国资本市场发展历史上第二座里程碑。作为一名金融学教授，我有幸参加了股权分置改革的全过程，并贡献了自己有限的力量。感谢那个时代为股权分置改革的成功做出了巨大贡献的人们，历史不会忘记你们。

三是注册制改革，开启了中国资本市场市场化的时代，是中国资本市场发展历史上的第三座丰碑。

2019 年 6 月 13 日，上海证券交易所在新创设的科创板推行了股票发行制度注册制改革试点。一年后，在深圳证券交易所创业板试行注册制改革。注册制改革引起了市场的积极反应。一年多来，市场总体运行稳中有升，趋势良好。发行制度改革是资本市场制度改革的枢纽。注册制改革回归了资本市场的本源特征，是贯彻落实市场是资源配置的决定性力量的重要体现。随着注册制改革的深入推进，围绕注册制改革而展开的资本市场全方位、立体式市场化改革已经启动。

注册制改革，开启了中国资本市场市场化的时代。中国资本市场由此进入一个新的发展阶段。历史将会为注册制改革树立第三座里程碑。

四是建设 21 世纪新的国际金融中心，是中国资本市场追求的伟大目标。

三十年，我们不忘初心，牢记使命；三十年，我们卧薪尝胆，艰难探索；三十年，我们不畏困难，勇敢前行；三十年，我们蹚过了急流险滩，翻越了雪山峻岭，留下了三座丰碑。如此艰难而又矢志不渝，我们在追求什么？我们的梦想又在哪里？我们始终怀揣着一个伟大的目标：将中国资本市场建设成 21 世纪新的国际金融中心。这个伟大目标，是“中国梦”的重要元素。

实现这个伟大的目标，需要全社会的共同努力；需要经济的持续成长，创新能力的不断提升，市场化改革的深入推进和开放之门越开越大；需要坚实的法治基础，严格的契约精神，充分的透明度和行稳致远的人民币长期信用。

我坚信，我们一定能够实现这个伟大的目标。

序　三

中国资本市场未来可期

宋志平　中国上市公司协会会长

2020 年是中国资本市场诞生 30 周年。在这波澜壮阔的 30 年中，我国资本市场从无到有，从小到大，从弱到强，取得了瞩目成就，为国企改革、民企发展、科技创新等事业做出了卓越贡献。站在 2021 年新的历史节点上，我们向着建立一个更加规范、透明、开放、有活力、有韧性的资本市场的目标继续努力。

央视财经编写的这套《投资大趋势》系列丛书正当其时，通过与证券、基金和私募等领域多位资深从业者的深度访谈，聚焦和深挖行业以预判投资趋势，向外界传达对我国未来资本市场的坚定信心，激励投资者把握战略机遇期，共同迎接权益投资大时代。作为中国上市公司协会会长，我亦感振奋人心，我国资本市场未来可期。

党的十九届五中全会审议通过了"十四五"规划和 2035 年远景目标，全面擘画了我国发展新征程的宏伟蓝图，也为资本市场的发展指明了方向。"十四五"期间，资本市场有三件事情很重要——实行股票发行的注册制、建立常态化的退市机制、提高直接融资的比重，我们的目标和方针都非常清晰。

我们有理由相信中国资本市场将迎来一个稳定、健康发展的新时期。一是双循环新发展格局为中国上市公司提供了更广阔的市场视野和舞台；二是资本市场改革不断推进，制度不断完善，如科创板的开板、新《证券法》的出台、创业板试点注册制的落地、《关于进一步提高上市公司质量的意见》的印发等，这些都具有重要意义；三是资本市场的发展思路很明确。

中国资本市场体现了中国经济的底气和力量，正如熊彼特所讲的“资本的主要功能是用于创新”，现在无论是科技创新，还是企业成长，发展到一定程度都离不开资本市场的支持。资本是企业家创新的杠杆，再优秀的企业家，假定没有资本的支持，也很难做成事。美国不少高科技公司，就是靠纳斯达克等资本市场的培育发展壮大的。今天中国企业创新速度能够加快，也是源于资本市场的支持，同时这些企业快速成长的高市值也支持了资本市场的发展，并为投资者创造了财富。

在这个过程中，我们看到中国资本市场也发生了很多积极变化，其中一个就是从以传统经济为主导逐步转变为以创新经济为主导。创新经济为资本市场增添了新的活力，创新经济和资本市场的结合是今后推动资本市场成长和发展的重要抓手，其中蕴藏着巨大的机会。这是我们看待未来资本市场时要认识到的一个本质性的变化。

所以对于各地而言，要发展创新经济，就要开展多层次资本市场的建设，将创新的事业和资本接轨。支持企业加大股票、债券、私募股权基金等直接融资力度，动员更多的社会资本，让好企业实现良性发展，有效降低负债率。

中国资本市场未来可期，关键有四点原因：

第一，经济基本面。2020 年我国 GDP 增长 2.3%，是全球唯一实现正增长的主要经济体，可谓一枝独秀，这是不容易的。今年政府工作报告提出 GDP 预期增长 6% 以上，保持稳中向好。大家都很看好中国经济的未来。

第二，监管水平。这几年，监管层按着“建制度、不干预、零容忍”的方针，遵照市场化、法治化和国际化的思路积极推进监管工作，方向十分明确，步子非常稳健。

第三，上市公司质量。当前我国沪深两市共有上市公司 4230 家，总市值达 78 万亿元，A 股上市公司累计现金分红 8.4 万亿元。作为资本市场的主体，上市公司质量好不好关系到资本市场的长远发展。在新发展格局下，上市公司要主动承担高质量发展的主体责任，认真贯彻落实《关于进一步提高上市公司质量的意见》的各项要求，牢记初心使命，真正做到“知敬畏、守底线、尽责任”，提高公司治理水平，做优做强。

第四，投资生态。我国资本市场投资者数量已突破 1.8 亿。其中自然人投资者数量占比 99.77%，机构投资者数量占比 0.23%，散户居多，机构偏少，但这种情况正在逐步改变。下一步我们还应聚焦的重点：一是大力发展机构投资者，吸引更多中长线的资金入市；二是引导散户的资金归集到成熟、有经验、有水平的机构投资者手中；三是保护小股东的利益，让投资者有获得感；四是提高散户投资者的投资水平，引导他们做好企业的基本面分析，坚守长期价值投资，降低风险，改善投资生态。

总之，做好资本市场是多方面的工作，需要发挥合力，上市公司要和投资者共同努力，当然还需要媒体的正确引导。无论是宣传资本市场取得的成绩，还是在提高上市公司质量、进一步做好资本市场等方面，我们都希望媒体能发挥积极的正能量，引导投资者逐渐走向成熟。

资本市场“三十而立”，我们要在这样的基础上继续向前发展，责任重大，任务艰巨，使命光荣，我们将不惧风雨，不畏艰难，满怀希望迎接资本市场崭新的未来。

序　四

中国基金业将迎来黄金时代

范勇宏　鹏扬基金管理公司董事长

2021 年是中国经济的复苏之年，是两个百年目标交汇之年，也是“十四五”规划开启的第一年，中国正面临百年未有之大变局的历史时刻，无论是经济的可持续发展，还是科技创新和自主替代，都需要强大的资本市场融资助力。

我看了央视财经在年初举办的融媒体直播节目《2021 牛年投资大趋势》，节目形式很好，社会反响热烈。

20 多年来，伴随着中国经济高速发展、居民财富急剧增加，以及资本市场快速发展，中国基金行业发生了巨大变化。

一是公募基金从无到有，从小到大，发展成为中国资本市场上重要的机构投资者，成为中国金融市场的重要组成部分。20 多年来，公募基金规模实现了从 1998 年初期的 40 亿元到 2021 年 1 月底的 20 万亿元的大跨越，创下公募基金 20 多年以来的新记录。通过汇集广大中小投资者的闲散资金，形成规模巨大的基金，投资于那些优秀的企业和企业家，服务了实体经济，促进了经济转型和资本市场的健康发展。

二是公募基金越来越大众化、普及化，成为发展普惠金融的重要载体，成为中国家庭实现财富长期保值增值的主要理财工具。不久前理财通发布的《2020 年国民收入及年终奖调研报告》中，有 40.2% 的人选择会用年终奖进行投资理财。“炒股不如买基金”越来越深入人心，投资者从基金中获得了较好的投资体验。基金理财不再是口号，而是成为人们生活方式的一部分。作为大众理财工具，公募基金已经成为社会公众实现财富长期保值增值的重要方式。

三是基金管理人公司治理发生了重大变化，从以股本为核心逐步转变为以人本为核心，并出现了专业人士控股的基金管理公司，这是过去 20 多年来公募基金行业乃至金融行业公司治理发生的重大变化。

四是私募基金迅速崛起，成为中国基金业的重要组成部分和中国资本市场上的重要机构投资者。2007 年，最早一批明星基金经理离开公募机构，加入到阳光私募基金创业行列，成为第一批“公奔私”的弄潮儿。随着私募基金的合法化，近年来私募基金管理人数量明显增多，规模增长明显加快。2020 年是私募基金的“丰收年”，全年新增产品数量近 1.3 万只，创出了历史新记录。截至 2020 年年底，私募证券投资基金管理人有 8908 家，管理私募证券投资基金规模达 3.78 万亿元。一批规模大、运作规范、长期业绩良好的私募基金脱颖而出，显示出旺盛的生命力。

在中国资本市场建立 30 周年之际，中国资本市场面临着巨大的历史发展机遇。

一是中央前所未有地高度重视，“资本市场牵一发而动全身”“增强资本市场枢纽功能，全面实行股票发行注册制”。

二是从股票供给看，随着注册制的全面实施，大量有发展潜力的科技公司、新经济公司上市，为资本市场注入了新鲜血液，为基金等机构投资者提供了更多的选择。

三是从理财需求看，房地产投资时代的结束，保本保息理财产品刚性兑付的打破，财富管理需求巨大。基金作为连接储蓄与投资的纽带，在储蓄转化为投资的过程中公募基金将发挥独特的重要作用。

四是从全球看，在全球经济增长乏力、全球低利率环境下，中国 GDP 稳定增长，并且始终保持正利率，国际投资者在中国还有很大的配置空间。

五是资本市场基础制度建设正走在前所未有的正确大道上，以“建制度、不干预、零容忍”构建资本市场发展良性生态，资本市场基础建设会更加稳固。

随着资本市场法制化、市场化、国际化步伐的加快，中国资本市场进入了一个新的历史发展阶段。从长周期看，看好中国资本市场的长期走势。短期看，要处理好全面注册制带来的股票供给过大与中长期资金来源不足的问题，需要充分考虑股票二级市场的承受力，避免股市大起大落。要超常规地发展基金等机构投资者，拓宽各类中长期资金来源，特别是要大力发展养老基金、企业年金等长线资金，为全面注册制提供充足的资金保障。同时，要大力提升上市公司质量，增加市场吸引力；要优化上市公司分红机制，助力长期投资者获得长期稳定的收益；要发展衍生品市场，给机构投资者提供更多的风险对冲工具。长线资金入市不仅有利于价值投资，避免暴涨暴跌，增强市场稳定性，促进居民储蓄向投资转化，而且有利于提高直接融资比重，更好地支持实体经济特别是科技企业的大发展。

资本市场的大发展，必然推动基金行业的大发展。基金种类、规模将实现历史性的大跨越，中国基金业正迎来发展的黄金时代。再过 20 年，作为经济大国的中国一定会成为基金的大国，中国的“贝莱德”“先锋基金”一定会出现，一批投资大师甚至世界投资大师也将会脱颖而出。这是中国基金发展的时代！

这是中国资本市场的机会，是机构投资者的机会，也是普通投资者的机会。在建立中国普惠金融以及现代金融体系的新征程中，公募基金将发挥更大的作用，有着更加光明的未来。

未来 20 年，中国基金的故事将更加精彩！

目　录

CONTENTS

PART 2 “不苟同于世俗”的行情如何演化

姚振山 vs 国泰君安证券研究天团

PART 3 如何牢牢把握 A 股战略机遇期

姚振山 vs 申万宏源证券研究天团

PART 4 站在时代的起点，如何把握龙头投资机会

姚振山 vs 中信建投证券研究天团

PART 5 如何把握科技强国的投资机会

张琳 vs 安信证券研究天团

PART 6 人民币资产仍“春意盎然”

张琳 vs 平安证券研究天团

PART 7 拥抱中国资产崛起的大时代

张琳 vs 招商证券研究天团

海南出版社
经济与管理畅销好书推荐

作者：（美）约翰 . 伯恩
定价：98.00 元

任正非力荐、许知远作序、周鸿祎推崇、全球知名 MBA 院校必读书目。

作者：（美）乔治索罗斯
定价：45.00 元

一本对全球投资者影响深远的书，被基金管理者奉为圭臬的投资宝典，从哲学的角度带你认识资本市场。中文版畅销近百万册！

作者：（美）穆雷 .N. 罗斯巴德
定价：59.80 元

一书读懂全球经济走势。著名经济学家张维迎、经济教育基金会主席理查德 ·M. 埃贝林作序；保罗 · 约翰逊、梁小民、钟祥财、连岳、贝乐斯联合推荐。

作者：（美）爱德温 . 李费佛
定价：45.00 元

巴菲特都推崇的股市的北斗星和航海图、散户炒股的《孙子兵法》。

作者：（英）弗里德里希．冯．哈耶克
定价：49.00 元

与每个人的未来息息相关的现代经济学的超前经典之作。

作者：（美）罗伯特．墨菲
定价：52.00 元

让每个人都能像经济学家那样思考，备受经济学家推崇的通俗经济学教材。

作者：（美）里查德 .M. 埃贝林
定价：49.00 元

通过债券、商品、股票、房地产等等与日常经济生活息息相关的元素，轻松了解经济运行的金融逻辑，破解投资理财的根本原则。

作者：冯兴元 珠海就 黄春兴
定价：68.00 元

经济学入门必看读物。掌握看待世界的新方式。著名经济学家张维迎、张曙光、毛寿龙联袂推荐。

作者：（美）汤姆 · 戈 · 帕尔默
定价：42.00 元

揭秘与我们日常生活息息相关的财政支出。冯兴元作序、一众经济学家联合推荐。

作者：（德）安德烈．科斯托拉尼
定价：38.00 元

德国“证券教父”科斯拉托尼自传。大投机家教你在金钱游戏中稳操胜券的诀窍。台湾和香港地区繁体中文版金融财经类销售排行榜榜首。

PART 8 拥抱权益资产的大时代

姚振山 vs 长江证券研究天团

PART 9 长牛周期，蓄力之年

张琳 vs 东方证券研究天团

PART 10 精准数据重构产业，科技行业全面开花

姚振山 vs 天风证券研究天团

PART 1

拥抱资本市场 波澜壮阔的黄金十年

张 琳 vs

中信证券董事总经理 研究部行政负责人	于新利
中信证券研究部高级副总裁 联席首席策略师	裘 翔
中信证券研究部总监 电子行业首席分析师	徐 涛

中信证券研究部设置宏观、策略、FICC、量化配置、消费、制造、科技、金融、周期、基础设施与房地产、医疗健康共 11 个大组，细分为 45 个研究小组。除了国内分布在北、上、深三地的约 300 名研究员外，研究部还通过 CLSA 在全球 13 个国家和地区招揽了约 200 名研究员，力图打造全球视野、扎根本土的中信研究品牌。

于新利

中信证券董事总经理、研究部行政负责人

北京航空航天大学学士、中国科学院研究生院计算与通信工程学院软件工程硕士、清华大学五道口金融学院金融 EMBA 首期班工商管理硕士，于 1999 年加入中信证券，拥有 20 余年证券研究和从业经历。历任金融产品开发小组产品开发工程师，研究部首席金融工程分析师、执行总经理、B 角，财富管理委员会董事总经理、运营管理部负责人、市场研究部负责人，2018 年至今担任研究部行政负责人。他曾于 2004—2007 年获得新财富最佳分析师金融工程行业的 3 次第一名和 1 次第二名。

裘 翔

中信证券研究部高级副总裁、联席首席策略师

浙江大学经济学学士、复旦大学金融学博士，于 2016 年加入中信证券研究部从事 A 股策略研究，专注资本市场制度、行业比较和量化策略研究。他的相关研究多次发表在《经济研究》《金融研究》等期刊。他的团队最早在 2016 年年底提出“泡沫大迁移”，提示了中国居民的资产配置长期会从不动产逐步向核心权益资产迁移；又在 2018 年年末提出“复兴牛”，提示 A 股在 2019 年将迎来未来 3~5 年复兴牛的起点。

徐 涛

中信证券研究部总监、电子行业首席分析师

北京大学微电子专业学士、中国科学院微电子所工学硕士，拥有 10 年集成电路产业研发、市场经验（RDA Micro），于 2015 年加入中信证券，负责电子行业研究工作，任研究部电子行业首席分析师至今，是科创板澜起科技、睿创微纳、传音控股、寒武纪、芯海科技、美迪凯等的定价分析师。2018 年他在《亚洲货币》（*Asia Money*）亚洲分析师评选中获电子行业第一名。

❖ *未来10年是波澜壮阔的黄金10年，中国将取代美国，成为全球经济最重要的增长引擎，A股也将取代美股，成为未来10年表现最好的市场。*

❖ *未来中国产业发展和经济转型带来的经济增长以及消费市场的增长，不仅给中国资本市场带来更大的空间，也给全球资本市场带来巨大空间。*

❖ *未来中国居民存款会流向权益市场。*

❖ *从今年开始，消费和制造业投资将取代房地产和基建，成为经济发展最重要的支柱。*

❖ *科技安全、能源安全、粮食安全、资源安全、国防安全这五大安全领域是未来5～10年可确定的优质投资领域。*

❖ *普通投资者在投资时要把握两个基本原则：行业景气度和性价比。只有具备行业景气度和较高性价比的股票才容易抵抗市场波动，从而实现慢涨。*

❖ *判断一个公司好不好，我们可以根据企业营收的增速，或者企业经历成熟期以后，其利润增速水平能否跟它的估值相匹配来判断。*

❖ *综合壁垒高、整体增速快的企业，可以成为两条投资主线。*

A股将进入波澜壮阔的黄金十年

张　琳：2021年第一个交易日（1月4日），股市迎来开门红，沪指时隔两年再次站上3500点，两市成交额突破万亿，茅台股价冲破2000元大关，之前你们有没有想到？

于新利：元旦之前，我们发布了一个《2021年资本市场十大展望》，我们不单要看2021年，更要看未来3年、5年甚至10年。从今天市场的表现来看，有几个行业排名是靠前的，第一名是新能源，第二名是军工，第三名是农业，第四名是有色金属，还有半导体板块也涨得不错。这五大方向是我们在未来3到5年，甚至10年里最看好的五大安全领域（科技安全、能源安全、粮食安全、资源安全和国防安全）。今天市场的反应印证了我们的判断。

裘　翔：最近有三个比较重要的变化，第一个变化是从2020年四季度开始一直到现在，无论经济数据还是上市公司基本面，都反映出持续恢复和向好的态势。

在这个基础之上，第二个变化就是流动性问题，中央经济工作会议再次强调了政策的一贯性，不会突然转向。所以在2020年12月份，我们看到央行在货币政策上也有边际宽松的迹象。今天四只基金完成发行，单日申购量超过500亿，也可以看到市场的流动性在增加。很多年前我们就一直在讲泡沫大迁移的逻辑，居民在房地产市场的过高的配置会逐步地转向权益类市场。

未来十年什么样的资产在中国具有长期配置潜力，答案是非常明显的，今天只不过是集中反映了投资者预期而已。

第三个变化就是情绪的贯穿。去年年底的时候，无论是顺周期还是新经济的主线以及各个行业里的龙头股，（都反映出）投资情绪确实在一个（向上）趋势上。情绪的趋势性反应叠加持续向上基本面和宽裕的流动性，这些因素在2021年首个交易日集中体现出来，形成了共振。

张　琳：有人觉得2020年是过去10年中最坏的一年，是未来10年中最好的一年，你们却认为未来10年是波澜壮阔的黄金十年，听上去非常乐观？

于新利：当然，我们每一年在看下一年时都觉得扑朔迷离，但实际结果往往会远超大家的预期。过去这两年——2019年和2020年，都是如此。大家对于下一年的预测有很多不确定性，只有真正经历了才会觉得这一年表现特别好，实际上未来几年都会比2019年和2020年更好。

张　琳：这种预期背后的大逻辑是什么？支撑力有哪些？

于新利：我们预测2021年中国宏观经济走势，由于基数原因，会呈现前高后低：一季度GDP达到18%以上，四季度回到5.3%左右，全年GDP达到8.9%，应该是全球增速最高的国家。预计2021年发达经济体——八国集团的GDP增速是4%左右。

投资像走路，先看远处再看近处。从整个经济总量来看，我们曾预计，中国2020年GDP大概能达到15.5万亿美元，超过100万亿人民币，美国GDP预计20.5万亿美元，这个预计已经成为现实，我们现在的GDP已经达到美国的四分之三了，前些年只有三分之二左右。过去这一两年，中国经济增速全球最快，质量最高。从经济结构来看，消费是55%，投资是40%，还有5%左右是净出口。美国消费占80%，投资占20%，贸易是逆差，对经济是负贡献。2021年开始，我们的商品经济规模也将超越美国，成为全球第一。未来十年内，中国还将成为全球第一大消费市场，消费将成为整个中国经济最重要的支撑力。

所以很有可能未来十年之内，中国的GDP规模将超越美国，中国将成为全球第一大经济体，并将取代美国，成为全球经济最重要的一个增长引擎。当然，伴随而来的就是中国的股市会迎来十年的黄金窗口，未来十年，A股也将取代美股，成为表现最好的一个市场。

张　琳：这样的宏观趋势会对A股的投资风格带来什么影响？

于新利：我们的节目叫作《2021年投资大趋势》，我们一定要算一笔大账。现在美国股市市值相当于360万亿元人民币，GDP大约是130万亿元，市值和GDP比是2.8，日本大概是1.4，A股现在只有0.8。我们转换成为全球经济的一个最重要引擎以后，我们股票的总市值与GDP的比值也会有一个大幅度提升。整个金融市场完全开放，很多外资会来增配中国资产。在全球资金这么多的情况下，人民币会不断升值，美元会不断贬值。美元贬值预计至少延续一两年，最早到2023年，美国的货币政策才可能开始收紧。从整个估值维度来看，我们沪深300估值比美国标普500估值便宜一半。在低利率的市场环境下，全球资金未来要找收益率好、资产低估的地方去，唯一的去处就是中国市场，全球这么多资金一定会选择中国资产。

国内居民资产也可以算一个大账。中国整个住宅市场市值大概是250万亿元人民币，债券市场规模将近120万亿元人民币，银行存款200多万亿元人民币，其中居民存款占40%，相当于80万亿元人民币。这些钱去哪？房地产不让去了，债市收益率下行，银行理财都不保本了，所以从这几个维度看，房地产和债券市场的这些资金，在国内的宏观流动性层面会有一个结构性调整或者转移——转移至股票市场。

在不久的将来将全面实现注册制会有全面的退市制度，未来留在市场里的都是好公司，烂的都退了。整个中国居民存款只会流向权益市场，流向股市。

2021年A股“慢涨三部曲”

张　琳：中信证券《2021年资本市场十大展望》中提到，2021年A股将经历一个“慢涨三部曲”阶段——轮动慢涨期、平静期、共振上行期。你们能否从策略上详细解读一下接下来A股的市场节奏？

裘　翔：我们判断它分三期，主要还是围绕基本面和政策这两个维度去判断市场节奏。

我们把2020年四季度一直到2021年一季度划定为“轮动慢涨期”。2021年一季度上市公司报表出来之后，你会看到基本上所有行业都会实现净利润增速同比大幅度上升，因为每个行业都有基本面修复需要，市场自然会实现戴维斯双击，估值和盈利同时修复，这个阶段要非常重视行业轮动节奏。

到了2021年4月份，一季报披露之后，企业盈利增速全年同比增速的高点大概率会出现，市场投资者基本面预期、经济预期打得很高，实际上想继续超出市场预期比较难。同时面临的状况是，当经济开始明显修复以后，特别宽松的政策也有逐步退出的必要。这个阶段我们叫作“平静期”，投资者需要静下心来去重新调整思路。因此在二三季度，市场可能有一个修正的过程。

四季度的时候，A股的很多行业，科技也好，医药也好，消费也好，就要进入一个估值切换的时间窗口，切换到2022年的估值之后，无论是盈利还是估值又重新有了上行空间，这个阶段就是“共振上行期”。

张　琳：在这个思路之下，相对过往，A股整个投资逻辑会发生怎样的变化？

裘　翔：最主要的变化是风格，这一两年已经演绎得淋漓尽致了，好的公司市场愿意给它估值溢价，而一般的公司市场会给它折价。去年这一点非常明显，虽然大家感受到是个大牛市，但4000多只股票，有1300只跌了超过10个百分点，有近800只跌了20个百分点以上，在这种情况下，散户大概率会亏钱。原先A股市场牛市的投资逻辑是炒小、炒烂，在流动性宽松的情况下，小票容易炒上去。现在完全不是这样了，只有优质的公司，市场才愿意给它溢价，这也跟市场结构的变化有关系。这两年，机构的定价权有空前的提升，投资者结构、市场微观结构已经不同于以往我们熟悉的A股了。普通投资者在投资时要把握两个基本原则：行业景气度和性价比。只有具备行业景气度和较高性价比的股票才容易抵抗市场波动，从而实现慢涨。

张　琳：散户该如何选股票？一个好的公司、好的股票标的，应该具备什么样的标签和要素呢？

于新利：从整个市场趋势判断来讲，我们一直坚持的观点就是，判断持续的时间要比判断高度和幅度更重要，光去看图形预测高度、幅度没有任何意义。我们希望投资者要更多地去做投资，而不是做投机。

现在A股4000多家公司，最好的公司肯定就是前10%，沪深300+创业板50+科创板50，这400家公司一定是中国最核心的资产。如果再扩大范围，扩大到20%，就是800家公司，就是中证800，也就是沪深300+中证500。十年之后，A股公司从4000家发展到6000家，最有价值的还是前20%，还是核心资产。中间也许有一些个别公司变成前20%，但大部分公司在未来十年之内，要么退市，要么根本没有任何机会，所以五六年前那种炒概念、炒壳、炒小的思路，在未来的市场里一定是行不通的。

徐　涛：稍微拓展一下，我认为有些行业的股票在中国是便宜的。以半导体为例，从总量看，A 股半导体板块的市值大概是 2.1 万亿人民币左右，如果选取费城半导体指数，美股半导体板块市值接近 14 万亿人民币。总市值美国是我们的 6.6 倍，按照营收口径，我们差得更远一点，美国是我们体量的 14 倍。再看净利润，中美差得就更远了，差了 51.9 倍。这种差异就是我们 A 股的空间。

怎么理解这种差异？我们选 A 股中的好公司，它们是成长性好的子行业，这些子行业空间足够大，比如全球消费电子下游手机制造等产业链已经转移到中国，在可预期的未来，很难有转移到东南亚或者其他国家的可能性。因为中国在工程师的水平、人口规模以及基础设施建设等各个方面都比东南亚完善，已经成长起来的公司，离开了这样的环境和条件，就无法保证长期的可持续性成长。加上这个行业还存在被“卡脖子”的现象，自主化要求可促使行业快速发展。当然，判断一个公司好不好，我们可以根据企业营收的增速，或者企业经历成熟期以后其利润增速水平能否跟它的估值相匹配来判断。

行业还会分化，个人投资者要谨慎。消费电子行业还会进一步向头部企业集中，有些企业给客户提供 A 项服务，由于口碑好，又提供 B 项、C 项、D 项服务，这些企业具有横向拓展能力，最后它不仅仅是供应商，还会变成客户的亲密合作伙伴。所以，我们说，综合壁垒高、整体增速快的企业，可以成为两条投资主线，希望投资者能深度关注。

未来确定性最大的五大产业机会

张　琳：宏观经济面分析完之后，接下来我们看具体的产业，请于总列几个最想重点说的产业，跟我们分析一下。

于新利：跟国家安全相关的“五个安全”领域，是未来 5～10 年最确定的投资机会。

第一是科技安全。中美贸易摩擦中，“卡脖子”的主要集中在科技领域，包括芯片等一些基础材料、工艺等，这些是最有机会的。

第二是能源安全。未来低碳经济新能源体系是我们可持续发展的最重要的保障。在低碳清洁能源体系里面，安全性最高而且确定性最强的就是光伏、风电，包括新能源车，还有就是未来储电技术的突破。

第三是粮食安全。我们判断 2021 大宗商品里面，从年度均价来看，农产品可能是涨幅最大的。在农产品价格向上的趋势下，基因技术的变革进程加快以及政策的支持等都会支撑我们整个粮食安全，种子和种植产业链拥有巨大成长空间。

第四是资源安全。这些战略性的矿产资源里面跟高科技相关的最重要的就是稀土，还有和新能源相关的钴和锂资源，市场对它们的需求超预期增长，库存处于相对低位，未来价格上行也会超预期。

第五是国防安全。过去大家都觉得军工行业基本上就是炒一个概念，根本没有什么业绩。但是现在“十四五”军队现代化建设会提速，军队装备都在大量换装，所以预计 2021 年军工订单数量都会有一个大幅增长，对应的就是相应军工企业业绩的大幅增长，开始实际兑现业绩。

科技安全、能源安全、粮食安全、资源安全、国防安全这五个领域是未来5～10年可确定的优质投资领域。现在来看，相关领域的几个龙头公司都已成长起来了，但是市值规模、营收规模还不大，它们未来的增长空间是非常巨大的。五大领域中科技还需要一点时间，我们相信从今年一季度或者二季度开始，科技股的弹性也会快速表现出来。

张　琳：电子行业属于硬科技行业，未来空间有多大？

徐　涛：这个行业如果看去年的话，不管A股还是美股，选取典型的上游所谓的费城半导体指数也好，还是中信一级市场指数也好，涨幅都在50%左右。

硬科技行业有一个显著特点，叫作“创新永不眠”。我们这个行业可能选十年维度并不精确，我们更多的是看5～7年的大创新周期。2002年之前是所谓PC时代；2002年到2007年是以诺基亚为代表的功能性手机和移动便携式PC共同驱动的时代；2007年到2015年，是以苹果为代表的智能手机时代；2015年之后，出现无人机、可穿戴设备、AR、VR等一系列新概念，从手机角度来说进入微创新时代，这是个存量市场；真正意义上的增量市场是2018年之后进入的智能物联网时代。在这个新时代，不管是手机、耳机、音响、电视，还是智能汽车，硬件反而变成导流的入口，同时还由以前单一的强连性的终端，变成一系列的强连性的终端，变成海量的智能物联网终端。所以这个时代才刚刚开始，真的是波澜壮阔的新的十年的一个起点，从今年一季度或者二季度开始，科技股的弹性就会快速表现出来。

细分板块投资策略

张　琳：现在的市场我们一定要追新的东西吗？很多老股民对新概念、新股票不是特别熟，传统股票还有没有机会？

裘　翔：举几个例子比较好理解。第一个例子，和新能源向背的就是火电。火电按照现在的估值，隐含的假设基本就是 3 年之后其在中国发电市场可能没有任何存在价值。但我们仔细思考一下传统的火力发电是不是有它的必要性呢？答案是非常肯定的。我们最近看到一些省份拉闸限电，并不是因为中国缺电，相反，中国电力很充足，而是因为用电量波动非常剧烈，电力波谷恰好对应用电波峰，电网想要实现调峰就要靠火电来实现。假设到了 2030 年我们要把光伏、风电的发电量占比提高，未来我们还会建造储能装置或者开发新的智能电网技术，但在储能或是智能电网足够成熟之前，都需要传统火力发电来实现调峰，所以火电的存在是有必要的。这类公司即使处于市场的极度低谷期，也一样有价值。新一轮电价改革后，居民用电端采用浮动范围更大的浮动电价机制，这对火电企业来讲也是个好的机会。

再比如，指数权重股中的银行股为什么 2020 年表现不太好，是因它在特定历史阶段肩负的社会责任决定的。疫情期间银行投放了大量信贷，要消耗资本金，从留存利润面来讲，银行清理了一下资产负债表，所以去年的报表非常难看。但是相应地也意味着，接下来它们会轻装上阵，资产负债表质量明显好转，经济在恢复，原先报表上体现出的风险今年充分清理掉了，盈利开始恢复。当第一季报出来以后，所有这些景气的行业全部轮动结束之后，第二季度我们会看到还有低估值的几个品种，其中就可能包括银行。

所以传统行业并不会被彻底淘汰掉，在特定的历史时间段有它的存在价值。

徐　涛：在硬科技投资领域里面，我想再拓展一下，也有一个所谓传统企业和新兴企业的区分。比如做手机的算不算传统行业，做特斯拉供应链的算不算新兴行业？直播界有一个老师罗永浩，在做锤子手机的时候，主持人问他为什么做手机。他说他不知道下一次浪潮到来的时候，什么是浪潮上的东西，但明确地知道这一次是手机，所以他得先上牌桌。我们不难理解，有些制造类型的公司，像苹果产业链或者安卓手机产业链的供应商，随后可能发展成为特斯拉供应链的供应商；我们不难理解，出现严重疫情的时候，比亚迪会成为口罩生产贡献最大的企业之一。这就是我们要分享的对成熟的企业或者行业的看法。

张　琳：白酒也是传统行业，甚至可以说是古老的行业，为什么现在就涨得这么厉害？

裘　翔：白酒本身的投资价值，要分两个层面看。第一个层面像茅台、五粮液这种头部公司，它是典型的高资本回报率、高壁垒、高品牌溢价的龙头公司，它有特定的商业模式和赚钱方式。但还有一些股票，尤其是二三线甚至低线白酒股，可能区域性比较明显，渠道依赖比较明显，壁垒并没有头部企业这么高，在短期内，可能确实是有一定的抱团投机博弈性的因素在里面。其实我们去看 12 月份的涨幅，恰恰是这些质地一般的白酒股的涨幅明显偏大，有明显的炒作成分。对于这些品种，我们的结论非常简单：抱团瓦解就是这段时间的事情，可能很快就会兑现。

但是对于这些头部企业长期的配置价值而言，我相信短期的投机博弈性行为不太会影响它们的商业逻辑。所以 A 股所有行业不能一概而论，都要看分化，每个行业都要看层级，不同的公司的驱动力和逻辑不一样。

于新利：这些二三线白酒公司，它们眼看着茅台市值两万多亿了，五粮液也一万多亿了，它们这些是不是也能到一千亿，能到五千亿？这是用“市梦率”的想法做投资，实际上这完全是投机。投机性的抱团我们觉得在 1 月份就会很快瓦解，而且瓦解起来会非常迅速，下跌也会非常剧烈。

张　琳：如何看半导体芯片和消费电子这两个上下游细分板块的机会？

徐　涛：上游就是半导体芯片，下游就是消费电子，这两个有一个依存关系。从下游角度来看，消费电子主要指手机端和智能物联网。手机端，苹果链强于安卓链；智能物联网今明两年来看，依次是智能手机、智能手表、智能眼镜。

2020年全球手机销量大概有10%～15%的下降，2021年会呈现10%～15%的增长，这是大概率事件。在这个基础上，从消费电子角度来讲，应该关注5G创新带来的射频前端细分领域的发展，比如芯片存储速度和容量增长以及屏幕技术的变化，多关注这方面的头部企业。

从上游半导体角度来讲，对于普通投资者而言，更需要仔细甄别。实际上半导体公司在A股越来越多，随后会出现相应的分化，在这里面针对设计公司，投资者要关注这些公司的一季报、年报能不能跟当前的估值进行匹配，并且最好连续观察几个季度，会有一个逐步地印证和加强。半导体还有一个逻辑，就是有关安全问题，或者说关乎国家战略问题。今年应该重点关注材料和设备公司，当他们的估值处于合理边界的时候，投资人可以进行相关地布局。

张　琳：医药板块，特别是医疗器械和疫苗板块怎么看？

裘　翔：去年整个医药板块利润增速基数非常高，主要是医疗器械，尤其跟疫情相关的。2021年，单纯看医药板块的盈利增速的话，它是一个逐步下滑然后企稳的过程，持续到第三季度就会见底。整个医药大板块，包括医疗服务、器械、药品从第三、四季度盈利增速角度而言，底部会往上走，这是从整个策略角度看医药大板块。

医药领域中细分行业非常多，创新药、器械、医疗服务三个赛道应该是长期潜力最大的。这三个赛道也需要把握节奏，医药子行业也有它的周期性。比如创新药跟集采高度相关，跟最后的药品定价结果、相应的市场预期高度相关。医疗服务也是有周期的，去年一二季度是医疗服务整体业绩的低点，今年会有大幅的好转。器械又分很多品类，去年很多大牛股集中在生产板块，今年的利润也非常高，但估值非常低，投资者不愿意额外提升估值，这个板块的行情是阶段性的。但是创新医疗器械则是有成长潜力的细分板块，可能是一个长逻辑，能够跨越盈利增速波动周期。

医药板块已经占 A 股第二大市值，也稳居机构投资者持仓前三名。这个逻辑不能简单拿医药两个字去概括，它包含非常多的子行业，而且研究门槛非常高。所以对于医药投资，我们一般都会建议大家交给专业投资机构，无论是买偏医药主体的主动管理型基金，还是买 ETF（交易型开放式指数基金），都建议大家找专业投资机构。

美股上涨会停滞，港股性价比更好

张　琳：中信证券对于港股及境外市场的投资趋势怎么判断？

于新利：在过去的 2020 年，港股相较于 A 股和美股是偏弱的，主要是由港股的行业结构导致的。港股以金融和传统的工业周期股为主，银行是大头，所以在 2021 年，港股权重股盈利增速有明显地回升，预计盈利增速会从去年的 −6.5% 提升到今年的 15% 左右。从估值性价比来讲，港股在 2021 年会有估值和盈利双重修复，预计应该会有两位数以上的收益。

对于美股来讲，在2020年连续熔断后再反转上去，主要是由货币宽松政策和流动性推动的，标普500动态估值已经达到20多倍，相比过去5年平均估值17倍，高出百分之三四十。我们觉得从2021年下半年开始，美股上涨有可能会停滞，而且从下半年开始，因为美国不再扩表，再加上政策收紧预期，美股可能在高位等待一段时间，或者缓慢维持一段时间，才会开始下调。2021年我们不建议投资者投资美股，美股涨幅非常有限，最多在上半年有个位数的涨幅。

今年其实最好的还是A股和港股。当然港股相对A股有一个折价，现在看H股溢价指数已经达到了140，A股比港股估值要高出40%。同样的一个公司，同样的盈利，港股的性价比应该更好。

主持人手记

“很有可能在未来十年之内，中国GDP规模将超越美国，成为全球第一大经济体。未来10年，A股也会取代美股，成为表现最好的一个市场。”这是头部券商在2021年第一个交易日给出的极大提振市场信心的预判。而在我看来，站在2021年这样一个拐点之年，能够看得更加长远的头部券商给出的策略报告，更值得投资者反复玩味。比如于新利所长当时就预见了白酒股的机构抱团行情会在1月份瓦解，这个预见真的就成了让很多投资者心碎的现实。当然，我们还是忘记短期得失吧，不如更多地来思考一下未来5～10年确定性的产业机会——科技、能源、资源、粮食和国防，每一项都关乎国家安全，关乎人民福祉。A 股 4000 多家上市公司中，围绕这样的坐标系，筛选出最有价值的投资标的，就是我们打开中国资本市场波澜壮阔黄金十年的正确姿势。

PART

2 “不苟同于世俗”的行情如何演化

姚振山 vs

国泰君安证券研究所所长　黄燕铭

国泰君安证券研究所副所长
周期行业组负责人　鲍雁辛
建材行业首席分析师

国泰君安证券研究所所长助理
消费行业组负责人　訾猛
食品饮料和化妆品行业首席分析师

国泰君安证券
GUOTAI JUNAN SECURITIES

国泰君安证券研究所自 1995 年成立至今，一贯秉承客观公正、专业创新、以客户为中心的研究理念，多年来积极推动中国证券研究行业的发展，建立了整套适应中国证券市场的研究思想和研究体系，为中国金融行业输送了一批又一批的人才，并多次在各类专业评选中独占鳌头。在 2014—2016 年的新财富最佳分析师评选中连续三年获得本土最佳研究团队第一名，在 2018 年“机构投资者 II”评比中获得中国区（大陆）最佳分析师团队第二名。

黄燕铭

国泰君安证券研究所所长

从事证券行业 27 年，拥有多年中资及外资证券研究团队的管理经验。他擅长研究体系的构建与证券研究人才的培养，对研究策划、研究质量管控及合规管理有着深入的理解，他提出的“超预期”研究方法、“花的理论”和“证券研究的 2+1 思维”深入人心，曾获新财富杰出研究领袖奖、卖方分析师水晶球奖“本土金牌研究团队”第一名。

鲍雁辛

国泰君安证券研究所副所长、周期行业组负责人、建材行业首席分析师

从事证券行业 12 年，曾于港华投资从事并购业务 3 年。他曾获得新财富最佳分析师建材行业第一名、保险业最受欢迎分析师第一名、WIND 金牌分析师全民票选第一名、第一财经最佳分析师评选第一名，以及水晶球奖和金牛奖等。他研究功底扎实，以实证分析见长，前瞻性研究突出。

訾 猛

国泰君安证券研究所所长助理、消费行业组负责人、食品饮料和化妆品行业首席分析师

从事证券行业 12 年，擅长产业比较研究，并能以渠道为枢纽打通消费品各子行业，进行国内外及不同子行业之间的深度分析，还善于把握行业变迁及渠道变革带来的机会。他的研究框架独特且极具前瞻性和发散性，善于通过分析行业趋势、格局、机制等把握机会，并将基本面、市场面相结合以挖掘个股。

❖ *3500 点是一个非常重要的争夺关口，大盘指数一旦能够站稳 3500 点，未来将会是持续的牛市。*

❖ *高端消费在未来至少 10 年，是一个长周期的趋势，这主要得益于未来整个财富分化的演变过程。这一轮全球大宗商品周期行情是一个顺周期行情。*

❖ *股市在慢慢积聚力量，这种力量一旦形成一定的规模，市场会再次走向牛市。我们对未来市场是坚决看好的，我们认为未来牛市行情还会出现。*

❖ *2020 年下半年以来是顺周期逻辑，顺周期其实顺的是全球需求恢复的周期，有色金属率先表现，而且表现比较猛，石化化工这些股票可能会走出一段非常长的慢牛。*

❖ *我们非常看好大炼化，包括燃料、光纤这些赛道属于全球定价的大宗商品，都是补库存周期，这个周期至少会走到 2021 年年中。中国目前正处在两个叠加阶段：一二线城市消费快速升级，三四线城市消费快速扩容，两个阶段并驾齐驱。*

❖ *高端消费贯穿全年，甚至是贯穿未来十年的、长期的、大的主线。*

❖ *新能源的发展，是未来 10 年中国实体经济发展的主题。*

❖ *2020 年新能源的表现相当不错，新能源主题 2021 年不会很快结束，至少上半年新能源依然是 A 股市场投资的重点。大家还是可以寻找一些新能源上市公司里面基本面比较景气的、有业绩支撑的这些股票。*

❖ *整个科技股里应该布局风险度中等或者偏下的这些股票，现在这种情况下就是新能源、电子以及军工当中低风险类别的股票，我们认为这些股票应该是接下来 3～6 个月的投资重点。*

❖ *中国民族品牌崛起的过程分为几个阶段，第一个阶段叫经济崛起，这是最关键的一个阶段；第二个阶段叫文化自信；第三个阶段叫民族品牌崛起。*

❖ *如何选股，我们给大家三个关键词：企业管理水平、竞争优势、企业价值创造。*

❖ *把握顺周期行情，重点在于有色金属、石化、化工，把握顺周期行情就是把握当下，把握当下就是把握一线龙头公司。*

❖ *以前大家说民族的就是世界的，但是现在我想讲，中国的就是世界的，所以未来中国的消费市场可能很大程度上代表全球市场。*

“不苟同于世俗但合乎于自然”的投资之道

姚振山：国泰君安证券研究所 2021 年的策略研报引起我极大的兴趣，尤其是标题，哲学味很浓，“不苟同于世俗但合乎于自然”，让我感觉最近几年你们是在用哲学思想分析股市，又仿佛跟道家或禅学还有点关系。这句话究竟想表达什么？

黄燕铭：“不苟同于世俗但合乎于自然”这句话前面还有四个字“投资之道”，连在一起念是“投资之道：不苟同于世俗但合乎于自然”。这句话表达了我们的投资理念。

世俗是众人所认知的东西，符合客观世界和人们内心世界发展的趋势，这个基本道理在过去适用，现在适用，未来也适用。而我们认为未来的投资机会一定是不苟同于世俗的东西。因为世俗所认同的东西，在股票价格里面已经反映了，众人所认知的东西不会带来投资机会。举一个例子，2020 年第一季度的经济增长率是 −6%，2021 年第一季度，整个经济增长率可能会到 15% 或 16%，这么高的经济增长率已经被投资人普遍认识到了，投资机会就会变少，那么，一定是不苟同于世俗的东西才能带来投资机会，只有当我的想法与众人的想法不一样时，才能看见投资机会。也有很多人产生另外一个错觉，认为投资就是要与众不同，要愤世嫉俗，要逆向思维，但为逆向思维而逆向思维也是错的。一味地离经叛道，不能被人们认知、理解、接受，不符合社会潮流的思想是不会让人看到投资机会的。与众不同的思想、不苟同于世俗的思想，最后要被大家认同，要被客观世界所证明，要符合整个社会发展潮流，并为客观世界和众人所接受，这就是合乎于自然。

姚振山：很有哲理。那么用“不苟同于世俗”的投资之道来看2021年的市场行情，会得出一个什么样的结论？

黄燕铭：有一个词叫“超预期”，2020年由于基数比较低，大家一定会看到2021年经济增速非常快，但是投资上不会带来过多的机会，2021年下半年经济的增速却是我们需要重点关注的。关注点在哪里？第二季度末开始，经济增长率可能会有一个下滑，这个下滑过程会使整个经济增长率回到常态。年中到年底这段时间，在经济回落过程当中，经济是快速下滑还是缓慢下滑？绝大部分的投资人认为，2021年第三季度、第四季度的经济回落速度可能不会太快。如果这一幕出现，很有可能给2021年下半年带来一个行情和投资机会。经济增长在第一季度拉出一个高点以后，后面三个季度的经济回落速度可能形成一个超预期的点，如果经济快速回落，那么投资就要谨慎，对于股市来讲，不会涨，也不会跌。但是如果经济回落速度比大家预期的要慢的话，实际上给我们带来了一个新的超预期，有可能会给我们带来比较好的投资机会。这就是我常说的“超预期”，当超预期出现时，伴随而来的往往会有一个好的投资机会。

我们站在今天这个位置来看未来的市场。2020年8月18日，我说A股会到3100点至3500点，横盘振荡走不出去，需要比较长的时间；而 2021 年第一天大盘指数突破了 3500 点，突破完之后下一步怎么走？这次突破的核心原因跟前期中央经济工作会议和最近一段时间出台的对房地产信贷以及金融市场监管政策有关，包括跟银行的考评管理制度的出台也有很大的关系。所以，最近市场走强，很重要的因素来自政策和金融市场监管方面。今天大盘上升动力比较强，成交量放大到 1 万亿水平。但这次行情跟 2015 年的万亿成交量不太一样，2015 年炒的都是没“节操”的小票，这次上升的股票是有基本面支持的非常好的大蓝筹，以及大家公认的龙头公司。

3500 点是一个很重要的关口，大盘指数还会反复振荡几次，不会一下子拉到很高的位置。我们认为它会保持在 3500～3600 点之间，在 100 点区间内会反复争夺，甚至也可能会跌破 3500 点。在这个过程当中，大家要把握住投资机会。突破 3500 点的话，需要反复进行几次，成交量需要反复放大。因为 3500 点是一个非常重要的争夺关口，大盘指数一旦能够站稳 3500 点，未来将会是持续的牛市。现在的关键是 3500 点能不能站稳。

股市在慢慢积聚力量，这种力量一旦形成一定的规模，市场会再次走向牛市。我们对未来市场是坚决看好的，我们认为未来牛市行情还会出现。

顺周期与逆周期

姚振山：这两天周期类的股票包括铜、铝都大涨，周期类股票

走势非常强劲，怎么看它的短期表现？

鲍雁辛：我们总结这一轮全球大宗商品周期行情是一个顺周期行情。所谓顺周期，顺的是全球，全球大宗商品疫情后需求恢复，并且制造业往上走，这是全球性的。对于铜、铝，包括新能源金属以及石化、化工，这些公司在未来半年到一年的时间里，其实都面临全球库存周期。全球开始接种疫苗，发达国家先接种，发展中国家后接种，需求的先接种，供给的后接种，这部分产能可以帮助中国的龙头公司获得市场份额的提升，很可能是一个长周期的过程，这些公司其实能走出比较长的长牛，估值和业绩将是双升的。

随着疫情被控制，全球经济会慢慢复苏，国外的需求在大量增加，这是一个基本的判断。2021 年的周期股跟 2020 年周期股的演变逻辑不一样。如果大家还有印象的话，2019 年第四季度到 2020 年春节前后周期很强，那个时候主要是基建和地产周期，地产补库存占了很重要的因素。今年的周期股和去年完全不一样，股价表现也完全不一样。

姚振山：大家对 2021 年下半年经济增速的判断可能不一样，你们偏乐观一些，那么，经济增长品类不是基建，到底有哪些新的品类进入到新的增长周期？

黄燕铭：2020 年 6 月份以后，我们看到周期股有一波大行情。2020 年 6 月份我国的经济处在一个低潮状态，国家财政政策出手，主要是搞基建，所以 2020 年 6 月份到 9 月份周期股主要是基建股的周期。基建周期的表现是建筑、建材、钢铁这类股票，属于跟基建有关的周期股。从去年至今，周期发生了很大变化——从基建周期转向全球大宗商品的周期。为什么是全球大宗商品呢？因为疫情之后，中国经济在逐渐恢复，中国经济占的比重很高，全球大量消费品都从中国进口，中国产品的大量出口，导致了国内很多制造业原材料出现了紧缺。在这种情况下，企业开始补库存，由此带动了上游大宗商品价格的上升，原来的基建周期被大宗商品的周期取代。大宗商品的周期主要是什么？主要有基础化工产品、石油化工产品、有色金属，如铜、铝以及跟新能源有关的钴、锂等。

鲍雁辛：我补充一些细节方面。2020 年上半年，我们讲的周期主要是逆周期调节，复工第一天我们开始推周期，周期这个时候开始对抗经济下行，因为那个时候没有消费，大家被禁足了，很多基建项目在 2 月底率先开工了，所以 2020 年上半年水泥、工程机械等很多股票表现非常好。到了下半年整个中国制造业开始发力了，出口表现非常好，这个时候其实再往后看，整个逆周期调节的迫切性其实没有上半年那么强了，所以 2020 年下半年以来是顺周期逻辑，顺周期顺的是全球需求恢复的周期。有色金属率先表现，而且表现比较猛，石化、化工这些股票可能会走出一段非常长的慢牛，因为很多龙头公司，尤其是制造业的龙头公司，实际上已经具备全球的竞争优势。龙头企业成本具有优势，这个时候能够具备底部扩张优势产能的，往往是一线龙头公司。如果后面走到真正强复苏阶段，通胀要起来的时候，很可能“煤飞色舞”的行业都起来了。

姚振山：现在投资者也关心，如果按照上、下半年划分，2021年上半年哪几个行业的表现力度要大一些？下半年又会是谁？

鲍雁辛：现在来看，2021年上半年是有色金属和能源金属里的锂、铜、铝、钴，有色金属先起来，涨价涨得比较猛。今年整个大化工都在涨，创了历史新高，但是从估值来看，大化工比其他制造业还便宜，尤其跟海外比更便宜。今天（1月5日）化工的表现非常明显，煤化工龙头，包括石化龙头都表现得很好。2020年商务部批了两家民营炼化资质，国营行业走出来了，我们非常看好大炼化，包括燃料、光纤这些赛道属于全球定价大宗商品，都是补库存周期，这个周期至少会走到2021年年中，看看会不会进入强复苏，目前是补库存周期。特别注意一点，我们暂时不需要用一个进入到强复苏角度去看这个问题，2007年强复苏，三四线公司涨得比一二线更猛，现在补库存周期机会主要在龙头公司上面。现在来看，未来半年时间，每个赛道都在龙头公司上面，龙头公司具有大市值的特征，在这个赛道上往往拥有巨大的市场份额。而且这些龙头正在从中国走向世界，过去中国制造业走出了很多这样的公司，以前大家都是拿着周期品的估值给它们定价，一旦它们走向世界之后，就要按照全球制造业统一逻辑、统一估值体系来定价，很多公司在一两年的时间里，都有估值抬升的通道。

姚振山：我跟踪了一下你的研究报告，你推荐的核心品种先是中国龙头企业，现在变成了大宗品某些品类里的世界级的龙头企业，中国很多企业的产品正在走向世界，全球份额也越来越

高，这其实是估值提升的过程，也是选股的很重要的标准。

鲍雁辛：是这样的。

消费升级、民族品牌崛起

姚振山：有一个跟白酒股有关的问题。元旦前，茅台和山西汾酒接到了两张关注函，昨天酒鬼酒接到了 2021 年第一张监管函。大家以为它们被交易监管了，股价应该跌，结果这两天走势不但没有跌，还继续创新高，对白酒股到底该怎么看？

訾　猛：这几天白酒处在一个持续快速创新高的过程中。最近一些白酒公司陆续在开年度经销商大会，有一些公司在“十四五”规划中，做的都是一些偏公司产业规划的事情，并不代表公司未来确切的财务数据，公司产业规划和未来财务报表是两种不同的表述口径。今天出现监管问询函事件以后，开盘出现了短暂的小的波动，但是很快又拉起来了。横向比较来看，这主要是因为白酒整个基本面的确定性的趋势在整个消费行业里是比较强的，尤其是高端白酒这一块，基本上代表了中国整个高端消费的方向。我们之前一直在跟大家强调，高端消费在未来至少 10 年，是一个长周期的趋势，这主要得益于未来整个财富分化的演变过程。

姚振山：说到经济复苏，大家会关心经济复苏过程当中消费需求的变化，中央提出加快构建以国内大循环为主体、国内国际

双循环相互促进的新发展格局。内循环对于内需变化有非常大的作用，在内循环或者内需不断放大的情况下，消费类标的到底该怎么投？2020 年的消费板块和 2021 年的消费板块有什么不同趋势？

訾　猛：前段时间，中央提出需求侧改革，大家比较关注，这是未来几年的一个大方向。2016 年国家提出的供给侧改革是提效率，现在提出的需求侧改革是扩内需。怎么扩内需？通过打通各个产业链痛点，优化分配机制，提升中低收入人群的收入水平，促进消费增长；通过一系列的技术创新，振兴新兴消费；通过新兴消费，挖掘新的需求点。中国目前正处在两个叠加阶段：一二线城市消费快速升级，三四线城市消费快速扩容，两个并驾齐驱。目前的情况就是，高端消费产品表现比较好，一般的新兴消费增长也比较快，这几年这些特征相对来说比较明显。2021 年的话，我们判断可能上半年更多的是偏可选性的消费，下半年更多偏新兴消费，从全年来看，高端消费贯穿全年，甚至是贯穿未来十年的长期的大的主线。

2020 年我们给出的投资策略叫作龙头时代，尤其是小龙头表现非常明显。2020 年上半年，基本上小龙头一飞冲天，后来大龙头慢慢接上，整体来说龙头的表现相对比较好。为什么出现这种情况？从需求角度来讲，这是消费者对于整个产品和品牌的认知度在提升的一个表现；从供给端来讲，无论是整个经济还是消费，都从增量阶段进入到存量阶段，所以竞争在加剧，龙头靠竞争优势存活或者获得市场份额。龙头在品牌、产品渠道等各方面的优势相对来说比较明显，能够抢到整个市场份额。所以从需求和供给角度来讲，基本上龙头时代特征比较明显。

姚振山：2021 年，我们预测第一季度经济增长率比较高，第二、三季度会有所下滑。对于下滑程度，大家的看法可能不太一样，但是整体上很多人还是感觉经济增速在放慢。高端消费有这么大的消费需求吗？或者说居民收入的增幅能支撑得住高端消费吗？

訾　猛：你讲的其实是总量的概念，我讲的更多的是结构性概念。在经济总量扩张，或者消费总量扩张过程中，高端消费，包括整体消费都会增长得非常快，这是总量逻辑。2012 年以来，随着经济下一个台阶，保持平稳增长以后，整个经济在转型，整个消费也从总量逻辑走向一个结构性的逻辑，走向存量阶段。在这个阶段，我们会发现它的特征变得非常明显，它跟人群结构密不可分。在总量阶段，消费增长非常快，在结构性阶段，个人财富更多地受到所持有的资产量的影响，而不是收入水平的影响——每个人的收入水平和持有资产量是有差异的。随着整个经济平稳增长，在货币政策相对宽松的环境下，个人持有的财富量会出现比较大的分化。对于收入偏高人群或者持有资产量比较大的人群来讲，是比较受益的。今年疫情之后高端消费不但没有变弱，反而更强，这是高端消费未来的长期趋势。每次出现疫情的时候，或者出现短暂的金融危机时，整个高端消费会增强，而不是减弱，未来高端消费会表现非常好。

姚振山：会不会也是跟咱们国家人口结构发生变化、中产阶级比重不断地增加、对于消费既讲究高端化又讲究品牌有一定的关系？

訾　猛：可以从收入角度和持有财富量角度来理解这个问题。消费者在认知水平提升以后，会不断地需求高质量、高性价比的产品，也就是品牌化的产品，所以这个特征表现得也比较明显。需求的提升源自有财富支撑的消费升级，收入分化带来的消费分级现象非常明显。

姚振山：以前消费品里面我们主要看海外品牌，大家认为海外品牌的质量都比中国的好。但是这两年，特别是 90 后和 00 后的消费，我也跟踪了一下，我发现一个特点，他们对于中国民族品牌越来越自信。我们自己的产品质量也越来越好，这一类消费品里会不会涌现出一些世界级的龙头？如果是的话，投资者该怎么选？

訾　猛：我先讲结论，肯定会出现。为什么会这样？刚才你描述了一种现象级的事实，这几年，中国民族品牌包括“新国潮”在内，陆续起来了。为什么会出现这种现象？在讲这个之前，我先讲一下之前几十年中国品牌发展的历史。这跟中国人口结构有非常大的关系，尤其是我们看到改革开放以来，大量的海外品牌涌入国内，这个时候对应中国消费人群主要是 60 后、70 后。他们经历了整个外资品牌汹涌澎湃进入到国内的过程，天然觉得海外品牌是比较好的产品，所以形成了天然的烙印。但是我们看到 80 后、90 后，随着整个互联网的快速发展，他们的生活环境发生了很大变化，他们不再觉得只有海外品牌是好的产品，他们开始寻找适合他们的高性价比的产品，这个变化很明显。

这个背后其实有非常大的驱动因素。2020 年 9 月 2 日我们开年度消费品会议时讲过，为何消费品行业牛股频出。中国民族品牌崛起的过程分为几个阶段，第一个阶段叫经济崛起，这是最关键的一个阶段；第二个阶段叫文化自信；第三个阶段叫民族品牌崛起。这几个阶段都以经济强大为核心，只有经济强大了，一个国家才会强调品牌输出或者生活方式输出。

我们先从品牌角度来讲，通过与邻国日本的比较可以发现典型的特征。日本 1964 年举办了第一届奥运会，1968 年日本经济超过德国，成为全球第二大经济体，1970 年举办第一届世博会。中国 2008 年举办了第一届奥运会，2010 年中国经济超过日本，成为全球第二大经济体，接着中国也举办了第一届世博会。经济强大了以后，陆续带来全球性的事件，就好像施了催化剂，提振了整个民族的自信心，带来了整个民族的文化自信。在这个基础上人们就会觉得本国产品不一定是最差的产品，可能是比较好的产品，因为所有偏高端的品牌，都带有情感因素。经济强大加上品牌认同感才会出现强大的品牌。

很多人问为什么白酒品牌这么强，因为它有中国文化因素作为支撑。中国白酒基本上就是中国文化的缩影，所以它是全球最具有竞争力的消费品，它具备了中国的国家势能，这个很难被超越。如果一个国家经济不强，整个文化不自信，便很难树立起自己的品牌形象。经济强大以后，经过一系列的重大事件催化，形成民族自信，最后民族品牌开始崛起。

第二是生活方式，当一个国家文化强大到一定程度的时候，会有一定的生活方式的输出。比如说 20 世纪 90 年代的麦当劳、肯德基，还有可口可乐，它们向全世界输出，这个特征很明显。

但是到了今天，人们不会再觉得吃肯德基、喝可口可乐就是很时尚的事情。如果在30年前，它们会被认为是非常好的家庭的象征，意味着它们有非常好的消费能力。但现在这种情况已经发生了非常大的变化，整个民族品牌崛起背后的核心驱动因素是，整个消费者结构发生了变化，整个渠道营销模式发生了变化，两方面一叠加，加上“新国潮”汹涌澎湃的发展，自然就产生了好的民族品牌。

姚振山：优秀的企业会让国家变得更强大，让人民变得更富足，让社会变得更进步。这也契合了你刚才提到的，优秀的中国企业可能从现在开始会打造出一批优秀的中国品牌，未来也是世界级的优秀品牌。那么，在你观察的这么多消费品牌、民族品牌里，除了茅台，还有哪些消费品类在未来的3年或者5年，容易“走出去”，容易在国际市场上站稳脚跟？

訾　猛：不讲具体标的。从行业来讲，符合第一条就是一些比较优秀的民族品牌，或者整个制造端有效率、有优势的企业，肯定第一批先“走出去”。包括白酒、调味品、乳制品等品牌属性比较强的这些，可能是接下来走出去的重点。另外一点，制造属性比较强的企业靠整个效率制胜，这些企业在10年以前陆续在“走出去”，包括家电、汽车、服装类的企业等，其实早就“走出去”了。对制造效率要求比较高的这些企业，可能先“走出去”，对品牌属性要求比较高的企业可能后“走出去”。整个经济强大不代表文化强大，只有文化强大了再加上品牌属性强大以后，带有情感属性的这些消费品，才会慢慢“走出去”。

低风险的高科技：新能源、电子、军工

姚振山：大家现在关注新能源的比较多，与新能源有关的股价都在高位，现在这个位置还能不能布局？

黄燕铭：我来说一下新能源。其实我们今天来的两位，一位讲周期，一位讲消费。由于直播只给两个名额，所以我们新能源研究员没有来，我相信别的券商一定会带新能源的研究员来交流。2021年我们最看好的投资主题主要有两个，一个是新能源，一个是国防。去年新能源的表现就已经非常火了，除了特斯拉等一系列因素以外，还有一个很重要的原因就是我们新能源汽车的销售出现了一个爆发式的增长。早期，新能源汽车刚出来的时候，很多家庭去买车会犹豫，到底是买传统车还是买新能源车。2020年发生了很大的变化，大家对于新能源汽车热情高涨，新能源汽车销量大幅度提升，这是一个大的背景。新能源汽车的上市也带动了新能源汽车一系列相关产业链的变化，直接拉动上游电池以及与新能源有关的锂和钴这些有色金属产品价格上升。

我们可以看到未来整个国家经济发展，能源依然是关键，我们也看到中央经济工作会议对做好碳达峰、碳中和工作明确提出要求，重点强调了“创新、协调、绿色、开放、共享”这10个字，由此我们可以看出，国家对于碳排放的控制力度以及环保和能源变革的决心很大。

新能源的发展，是未来10年中国实体经济发展的主题。股票市场的变化不需要10年，股票市场是快速反应过程。2020年新能源的表现相当不错，新能源主题2021年不会很快结束，至

少上半年新能源依然是A股市场投资的重点。大家还是可以寻找一些新能源上市公司里面基本面比较景气的、有业绩支撑的这些股票。

2021年应该选择什么样的股票？今年的市场风险偏好相比2020年还是有所抬高，所以我们下一阶段选股的时候，应该选择风险比较低、业绩确定性比较高的股票。新能源正好处在这个位置上。

再补充一点，很多人问我对科技板块怎么看。我认为科技板块当中，2021年的投资重点是低风险特征股票，而不是高风险特征股票。科技板块里面的低风险特征股票主要是什么？第一是新能源，第二是电子。所以站在现在的位置上看科技股，重点应该是在新能源和电子，计算机类和传媒类股票相对来讲不会是市场的热点。

说到军工股，我们都知道军工股过去十多年，基本上属于“讲故事”，整天说收购兼并，从不讲业绩。军工股票的特征意味着它在过去属于高风险特征股票。但是从2020年开始发生了一个很大的变化，随着国家在国防方面的支出增加，国家重视国防建设，很多国防类、军工类企业真的出现了订单。2021年军工股不再是讲故事、讲题材、讲概念，会重点看有没有订单出现，有没有实实在在的业绩。很多军工股从高风险特征降到了中风险特征。整个科技股里应该布局这些中等或者偏下风险度的股票，现在这种情况下就是新能源、电子以及军工当中低风险类别的股票，我们认为这些股票应该是接下来3～6个月的投资重点。

龙头：存在的或者潜在的

姚振山：这两年，很多人在投资股市的时候，都提到要买龙头，他们也因此获得了非常大的收益。但是当每个人都知道要买龙头的时候，买龙头这件事情就变成一件很“世俗”的事情，是不是应该找“有可能”成为龙头的公司，能不能给大家梳理一下选股或者选公司的标准，让我们找到未来能成为龙头的公司？

黄燕铭：这个问题，去年我也思考了很多。10 年前我们怎么选股票？无非就是国家出什么样的政策，这个政策对哪些行业有利，然后把这些股票找出来。国家要放信贷，我们找银行，下一步是房地产，再下一步是建材、钢铁、煤炭，我们以前是这样的炒股方法。那个时候找的研究员都是学经济学、金融学的，从经济研究的角度研究股票，只要行业好、赛道好，这个公司差不多就可以。

2017 年开始出现炒龙头股，这与供给侧改革有很大的关系，背后更重要的原因是中国经济从 8% 左右的经济增长率降到 5% 左右。经济增速换挡是龙头股行情出现的核心原因。如果经济高速增长，所有企业都在抢新的市场份额，这个时候每个企业都能够活得很好。但是经济增速换挡，新的市场空间没有了，由此导致行业内部竞争加剧，只有具备竞争优势的企业才能胜出，没有竞争优势的企业要么被别人收购、兼并，要么退出市场。

什么叫作龙头公司？并不是规模最大的公司叫作龙头公司，而是具有竞争优势的公司才能叫作龙头公司。比如茅台，十几年前，或者说 20 年前，茅台不是白酒行业中最大的企业，但是现在成了最大的企业。十几年前，中国有大量的白酒企业，但是我们现在看到，胜出的就是茅台、五粮液、泸州老窖、山西汾酒、酒鬼酒这些公司。这些优秀的白酒企业的业绩在不断地上升，股价在不断地上升，而大量的中小型白酒企业由于不具有竞争优势，被迫离开了市场。龙头现象背后实际上是大量的不具有竞争优势的企业被赶出了这个行业，在中国是这样，在全球也是这样。刚才讲到周期，我们看到中国周期优势企业在成长，而全球不具有竞争优势的周期企业被赶出了这个行业。经济增速虽然恢复到原来的增长率，但行业结构发生了改变，疫情发生之后，一批不具有竞争优势的企业被迫离开了市场。

未来怎么选股？选股有几个核心问题。这个公司所处的赛道是不是一个好赛道，比如新能源、电子、军工等这些符合国家政策的，符合国民经济发展需要的，符合人们需要的，肯定是好赛道。大家普遍没有关注到另外一个问题，即便是赛道好的企业，在经济出现过剩的情况下，是否具有竞争优势也很关键。假设两个企业都在好的赛道当中，我有竞争优势，你没有竞争优势，那么我活下来，你死掉。企业如何获得竞争优势？最关键的是企业的管理水平以及企业家精神，这二者创造了企业的竞争优势，由此带来了企业的价值。以前的证券研究员学的是经济学、金融学，现在的研究员还需要学管理学。比如说家电，我们看到，格力、美的、海尔都很优秀，但是过去 20 多年，多少家电企业倒闭了才成就了这三家优秀的企业，就像很多小白酒企业死掉了才成就了几家大的白酒企业。在这个过程当中，企业管理水平很关键。如何选股，我们给大家三个关键词：企业管理水平、竞争优势、企业价值创造。

姚振山：黄所长把选股标准给了大家，重复一下，在同样赛道好的情况下，要有竞争优势，要有好的管理水平，要有价值创造的能力。同样的问题问两位首席分析师，假如在你们关注的这些领域，我们去找未来能够成为龙头的企业，是在 2021 年策略报告里谈到的碳纤维，还是有新的挖掘？新的潜在龙头在哪些行业？

鲍雁辛：中国制造业是很多人看不上的传统行业，或者叫作傻大笨粗的行业，其实这些行业很有可能会从中国龙头走向全世界龙头。比如说钛白粉，以前不是世界龙头；比如工程机械制造企业，挖机、起重机这些机械企业以前也不是世界龙头，现在逐渐成为世界第一了。从公司估值和业绩双升上能看出来哪些行业机会比较大。

刚才提到新的领域，但我要说的就是传统行业，中国制造在精密制造领域现在还有很多基础研究的进步空间。恰恰在大家认为非常成熟的行业，我们具备了全球领先优势。这些行业是我们非常熟悉的水泥、玻璃、纤维行业。有一部电影叫《美国工厂》，反映了这样的现实。对于玻璃制造，美国人根本不知道这个行业的发展水平到哪一步了，需要中国人教他们。这些行业“走出去”可以说所向披靡。水泥行业有一位前辈说过一句话；放眼望去全世界都是落后产业。傻大笨粗的行业中这些行业龙头现在很便宜，以前人们看不上，只给十几倍的估值。2020 年工程机械龙头翻了多少倍？化工行业龙头、MBI 龙头翻了多少倍？大家看一下就知道了。这些情况在很多传统行业——化工、石化、有色金属等发生了。化工、石化龙头创新高的股票已经出来了，大市值创新高已经出来了，再看一下它们的估值水平跟三五年前比，完全不是一回事了，而这个过程远远没有结束。碳纤维行业以前我们叫中国短板行业，其实这个行业也处于一个更替过程。现在从整个生产工艺的成熟度来说，我们与世界前列还有差距，没有像传统企业那样，比如MBI能做到全世界最优质的产品、最低的成本。这些领域都非常具有投资价值，而且这里面的确定性会更高，因为这里面没有多少技术迭代的公司，投这些大家都很喜欢。投科技创新面临的最大的风险在于技术迭代。技术迭代太快了，很多投资者跟不住，而传统行业没有风险，买的也是确定性。

姚振山：不管是行业分析还是投资方法，鲍雁辛都给了大家非常多的启示。平时投资，有人追新能源、半导体、白酒，估值都顶到100倍，甚至200倍。实际上很多大家看不上的行业里面——因为看不上所以估值很低，但是它们实际上已经成为中国龙头，正在慢慢变成世界龙头，这个过程当中其实股价的弹性和收益的倍数很高，而且安全性很高。能不能这样总结？

鲍雁辛：是的，我把这些叫作“不起眼的好行业”。

姚振山：这是一个好标题。消费品容易出龙头。消费品里面，茅台是白酒的龙头，海天是调味品的龙头，我们还想找下一个龙头。訾猛关注的消费领域里，哪些子行业最容易“走出去”？

訾　猛：消费品龙头跟其他行业可能稍微有点差异，因为消费品是一个多品牌、多品类的行业，也是特征比较明显的行业。龙头分为两种，一种叫作产品型的龙头，就是一个单品非常牛，处于快速增长期；一种是快速增长型的龙头，多品类组合的企业，实现多品类共同发展，企业处于稳定性增长阶段。茅台、海天相对来说比较大，如果仔细看一下的话，其品类丰富度还不够，或者各品类之间的这种均衡发展还有很大的提升空间，尤其是以海天为代表的偏快消品的公司。海外企业基本上是多品类共同发展，最后建造大市值的平台性公司，这些企业在品类扩张过程当中逐渐成长为平台性的公司。

新兴消费领域包括零食类公司、化妆品公司，尤其是化妆品公司，正在出现产品型的龙头公司。2017 年底，我一直跟大家讲，化妆品公司龙头开始不断地涌现，这跟目前中国的发展阶段有非常大的关系。化妆品行业整个渠道不断地多元化，整个营销去中心化，渠道从一二线城市渗透到三四线城市，尤其是线上渠道渗透速度非常快。通过去中心化的营销方式，对国内的消费者进行了教育，让他们知道该用化妆品了。整个人群在快速扩容的过程当中，使得很多产品型的公司借助于渠道下沉和营销去中心化，快速在某个品类方面实现突破。所以我们看到，这几年陆续上市的一些化妆品公司，尤其是今年在美股上市的化妆品公司，这几年增长非常快。它们用三五年的时间迅速地突破了过去很多公司二十几年的这种成长模式以及积累的收入体量，所以相对来说速度要快很多，逐渐成了一个产品型的公司。

平台型公司大部分可能在偏传统性的公司里，如果要获得增长，就需要进行品类扩张。还有一类公司属于新兴消费，它们通过创新，激发新的消费需求，所以这些公司逐渐成为单品类的龙头。当然它们成长到一定阶段以后，有了一定的品牌基础，可能也会跨品类扩张，形成平台型的公司。在中国，像这种产品型的龙头公司，未来可能会非常多。这几年消费品类出现了快速的细分化，这跟人群需求的迭代和细分化有非常大的关系。可能 20 年前，大家购物基本上以家庭用品为主，现在很多消费者以个人用品为主，这是需求多元化的典型特征。我们提出的单身消费时代讲的就是在品类急速扩容的过程当中，成就一批产品型龙头企业。近三年，天猫有差不多 300 多个品类成为各个细分品类的龙头。这在过去不可想象，基本上没有机会出现，现在陆续开始出现，这类企业未来还会更多。平台型的公司相对来说成长比较慢，而且相对来说比较少。

主持人手记

作为老牌头部券商研究所的所长黄燕铭和我有近 20 年的友谊。他从公司研究员到主管几个行业的研究，到掌管整个研究所，使研究所越来越体系化，而他个人的研究也越来越风格化，亦佛亦道亦禅。在简单与复杂、抽象与具象之间自由切换，时而引发安静的思考，时而引发瞩目的争论。而研究员群体的总结和提炼能力，也在这次采访中表现得淋漓尽致。鲍雁辛总结了“不起眼的好行业”，訾猛强调了“以前大家看不上的中国品牌，可能未来会成为世界品牌”，而这两个总结正好又暗合了黄所长刚才谈到的那句话——“不苟同于世俗但合乎于自然”。这也许也是投资和研究的魅力，“不苟同”的逆周期与“世俗”的顺周期，都是“合乎于自然”的投资之道。

PART

3 如何牢牢把握A股战略机遇期

姚振山 vs

申万宏源证券研究所总经理
制造业研究部总监
首席分析师 周海晨

申万宏源证券研究所汽车领域主管 宋亭亭

申万宏源证券研究所A股策略组主管
首席分析师 傅静涛

申万宏源证券
SHENWAN HONGYUAN SECURITIES

上海申银万国证券研究所有限公司（简称“申万宏源证券研究所”）创建于 1992 年，隶属于申万宏源证券有限公司，是中国成立早、规模大、具有独立法人资格的综合性证券研究咨询机构。申万宏源研究拥有超 250 人的证券研究服务团队，以 500 家中国上市公司为重点，开展涵盖宏观经济、行业公司、股票债券及衍生品投资策略、指数与产品设计、制度与发展等综合领域，强调“出思想、建体系”，以培育“百年团队”为梦想，为资本市场提供了以体系见长、长期稳定的专业研究服务。

周海晨

申万宏源证券研究所总经理，制造业研究部总监、首席分析师

华东师范大学世界经济学硕士，上海国家会计学院－亚利桑那州立大学 EMBA。他曾获“上海市青年拔尖人才”“上海市青年金融人才”等荣誉称号，曾担任轻工业政策专家委员会委员，也是上海市金融局金融形势专家咨询会成员。

2010—2013 年，2015—2020 年，获新财富最佳分析师造纸印刷领域第一名，并获得“钻石分析师”的称号。2009—2019 年连续 11 年获得《证券市场周刊》水晶球奖行业分析师造纸印刷领域第一名，并获得“白金分析师”的称号。2010—2017 年连续 8 年获得《中国证券报》金牛奖造纸印刷领域第一名。

宋亭亭

申万宏源证券研究所汽车领域主管

华东师范大学世界经济系硕士，拥有汽车行业 5 年研究经验，现任申万宏源证券研究所汽车领域主管。2015—2018 年、2020 年分别获得新财富最佳分析师评选汽车和汽车零部件类第五名、第六名、第七名、第七名、第五名。她在 2019 年卖方分析师水晶球奖评选中获得第二名。

傅静涛

申万宏源证券研究所 A 股策略组主管、首席分析师

北京大学汇丰商学院金融学系硕士，毕业后曾就职于申万宏源研究所从事策略研究，现任申万宏源证券研究所 A 股策略组主管、首席分析师。主要研究方向是 A 股策略、主动型量化策略、立体交易等。

❖ *当前市场的主要驱动力还是来自流动性方面，流动性驱动的市场确实会呈现一些轮动扩散、轮涨、补涨的特征。*

❖ *增量资金博弈对于整个市场的支撑其实偏向短逻辑，增量资金有时候意味着市场加速。而在增量资金维持不变的情况下，市场会有一个慢慢走平、高位振荡、板块分化、估值消化的过程。*

❖ *人民币资产占全球资产配置的权重将持续上升。从这个角度来看，我们认为A股处于战略机遇期。*

❖ *A股会继续反映中国经济变革的大趋势。A股市场对于各个行业龙头的吸引力，特别是对新经济行业龙头的吸引力会很强。*

❖ *慢牛的核心问题是考虑如何让它慢下来。我会把2021年当作中国慢牛走势的元年或者标志性年份，这个年份我期待发生的事情，就是刚才提到的业绩消化估值。*

❖ *无论电动化、智能化，还是零部件全球化，未来5～10年整个汽车工业都将迎来新的机会、新的秩序和新的格局。*

❖ *要分析任何一个公司的市场空间，我们会去分析这个行业有多大，赛道是不是一个好的赛道，市值多大；这个公司是不是具备好公司的特质，是不是有好的商业模式……*

❖ *要把握这一轮A股战略机遇期，未来要迎接大权益时代，希*

望大家把握这样一个时机。相信整个中国制造业正处在一个崛起的时代，这是黄金时代。

❖ *大趋势要让它慢下来，越慢，这个牛市持续的时间就越长。这就是慢牛的真正含义，主要在慢，而不在牛。*

短期市场的驱动力

姚振山：今天（2021 年 1 月 6 日）是 2021 年开市的第三天，我们看到沪深股市走势比较强，但是结构分化也越来越厉害，比如新能源汽车板块出现普跌，比亚迪却又创了新高。大家看好的军工股在持续走强，没有任何调整的迹象，而前两天被诟病的白酒似乎走势上也没有太大调整。今天的市场行情到底呈现了哪些特点？

傅静涛：就短期市场来说，当前市场的主要驱动力来自流动性方面，流动性驱动的市场会呈现一些轮动扩散、轮涨、补涨的特征。流动性驱动体现在两方面：

一是新发基金发行后，整个市场对迎来增量资金博弈的预期比较强。元旦假期之后，出了一些新发的爆款基金，整个 A 股市场增量资金博弈格局得到了验证。

二是超发美元会带来新兴市场及其他非美国市场的投资机会。短期表现出 A 股、欧洲股市、新兴市场股市持续强于美股的状态。

我们看到，今天最突出的特征就是顺周期的一些板块跑赢大市的机会多一些。而前期涨幅相对较大、偏科技方向的股票会有一些回调，这跟美国新政府的一些政策导向有关，拜登或许会更积极地做基建、加税。对整个科技产业来说，可能还会有一些反垄断的压力。综上原因，所以出现了今天这样的市场特征。

从大方向上来讲，我觉得增量资金博弈格局没有结束，美元还在弱势当中，A 股市场的行情依然是安全的。

姚振山：这两天大家看到交易量越来越大，市场越来越活跃，包括这几天发行的基金基本都是一日售罄。这个市场现在是不是有点过热了？

傅静涛：现在是中短期行情比较好的一段窗口期，这一阶段基本面预期是向上的。在这个时间节点上，银行渠道有基金产品的发行动力；另外，这两年出现了大量业绩出色、变现突出的基金经理，所以新基金发行相对容易些。在增量资金博弈的这段时间，市场走出这样的行情，是正常的。

增量资金博弈对于整个市场的支撑其实偏向短逻辑，增量资金有时候意味着市场加速。而在增量资金维持不变的情况下，市场会有一个慢慢走平、高位振荡、板块分化、估值消化的过程。现在是最好的时间段，后面会逐步放缓、分化，走出更健康的行情。

周海晨：从今天的市场结构来看，涨跌比为 1∶3，有 1000 多只股票上涨，大部分都在下跌，其实很多人不赚钱。从这个角度来看，整个投资更倾向于机构化、专业化、产品化，所以这两天整个新发基金受到追捧，这段时间的趋势是非常明显的。

A 股进入战略机遇期，要走长期慢牛

姚振山：申万宏源的 2021 年策略报告给我留下了深刻的印象，称 A 股进入了战略机遇期。什么叫作战略机遇期？有哪些核心因素让你们觉得 A 股现在处于战略机遇期？A 股会有一些什么样的演化和变化？

周海晨：可以从几个方面来理解。从中美博弈中可见，西方文明对东方社会的影响力在减弱，美元信用受损，美元资产收益特征重构，人民币资产占全球资产配置的权重将持续上升。从这个角度来看，我们认为 A 股正处于战略机遇期。在这个机遇期我觉得稳定是根本，降低波动率应是未来整个宏观政策的重要出发点；另外还要保持内循环的畅通，就是要改善投入和产出以及收入和分配的关系。一句话，由于东西方资产结构和力量的改变，整个 A 股将迎来一个战略机遇期。

傅静涛：在未来 10 年，中国经济也好，资本市场也好，确实正处于一个深刻的变革期。面对这种变革，我们在给大家做一些长周期的预测时，一般会考虑四个方面的问题。

第一，A 股会继续反映中国经济变革的大趋势。服务业具有显著的代表性，行业集中度也有所提升，市值将更高，最近也表

现出很明确的产业趋势。A股市场对于各个行业龙头的吸引力，特别是对新经济行业龙头的吸引力会很强。目前来看应该边际向上，A股龙头的产业代表性、经济代表性越来越强。在这种趋势之下，A股总市值应该是逐渐扩张的，同时市值结构也会向新经济和龙头方向优化。

第二，我们一般会考虑A股公司的迭代过程，或者叫作优胜劣汰过程，好的公司会到A股来，差的公司也会被淘汰。过去A股市场不断吸纳好公司，但是差的公司离开得还不够多。注册制改革和退市制度改革以后，A股宽进宽出，会有一个自我净化的功能，所以A股在未来也会有一个优化。

第三，我们比较看好A股总体的盈利水平或者净资产回报率（ROE[①]）水平，它应该会有一个长期的提升。市值结构变迁、优胜劣汰、公司治理改善也会使得损害ROE的行为变少，并且让大家养成一个给股东提供回报——不管是分红还是回购——的习惯。提供了合适的回报之后，不会再出现资金冗余摊薄净资产回报率的现象。

第四，长期而言，A股波动率会回落。一是机构投资者占比将不断提升，大家越来越信任公募基金和其他专业机构投资者，管理层也在不断地吸纳长期资金入市。二是公司治理改善、盈利能力提升之后，业绩会消化估值，估值向下而指数还能涨的阶段

① Return on Equity，简称ROE，即净资产收益率，又称股东权益报酬率、净值报酬率、权益报酬率、权益利润率、净资产利润率，是净利润与平均股东权益的百分比，是公司税后利润除以净资产得到的百分比率。该指标反映股东权益的收益水平，用以衡量公司运用自有资本的效率。指标值越高，说明投资带来的收益越高。该指标体现了自有资本获得净收益的能力。

会增加。在这种情况下，真正意义上的 A 股慢牛就慢慢走出来了。这是我们对于长期趋势的理解。

姚振山：长期的慢牛走势在 A 股历史上从来没有过，A 股现在开始要走一个慢牛了？

傅静涛：我是这样理解的，大家讨论的时候都会强调牛，强调上涨和空间，其实慢牛的核心问题是考虑如何让它慢下来。

我会把 2021 年当作中国慢牛走势的元年或者标志性年份，这个年份我期待发生的事情，就是刚才提到的业绩消化估值。龙头公司越来越好，越来越有全球代表性，估值高且业绩涨，但不可能永续维持，我希望市场指数慢下来，龙头慢下来。但是龙头在缓慢上涨的过程当中，估值不变或者略微向下，是非常正常的状态。A 股龙头如果走这种行情，那么 2021 年应该是 A 股市场走长期慢牛的开端，2019 年和 2020 年其实是 A 股估值恢复或者估值提升的年份。

姚振山：说到估值提升，确实我们需要从货币供给，包括宏观政策方面来看。2020 年因为疫情的原因，全球各地都在放水，流动性催生了估值提升，2021 年这个情况可能会得到改善。在 2021 年经济不断复苏的情况下，市场流动性会不会依然比较宽松？

周海晨：今年一季度流动性的确比较宽松。现在全球经济是否会强劲复苏并不明确，全球疫情状况也不容乐观，国内疫情还有零星反复，在这种情况下，流动性是否会收紧，现在还不确定。从业绩方面来看，我们认为整个业绩的逐渐恢复应该是比较明确的，增幅当然会有所收窄，业绩增长的预期还是非常明确的。

姚振山：我的脑海里一直在想，2021 年业绩的增速和估值的变化到底会怎么呈现？一些热门品类，比如新能源、芯片、医药，包括以白酒为代表的消费板块，它们的增速会怎样？另外，估值是将继续上涨，还是会慢慢回落呢？

周海晨：这个问题，我觉得提得非常好。首先对于白酒这一类公司，或者业绩确定增长的一些公司，市场会给予估值溢价，再随时间消化估值。举一个例子，现在来看这些品类比较贵，但是它们的业绩是确定会增长的，在 2021 年或者 2022 年可能会有 15%～20% 的增长。随着时间的推移，业绩不断地增长，其估值就会被业绩消化并将趋于合理。像新能源汽车、TMT[①]、军工这些成长类的公司，它们的业绩可能有一个跃升式的提升，尽管现在来看，整个估值可能并不低，如果业绩实现跃升式的提升，可能估值消化还会更多一些。

姚振山：估值问题是我最近比较纠结的地方，我们以前说行业估值基本都有一个大家认同的概念，比如说制造业大概在 20～30 倍，消费类 30 倍，银行 8～10 倍，医药高一点，可

① TMT，是 telecommunications（电信）、media（媒体）、technology（科技）三个英文单词的缩写，TMT 产业是以互联网等媒体为基础，将高科技公司和电信业等行业链接起来的新兴产业。

以到 40 倍，但是今天来看，消费、医药大部分都在 100 倍，制造类企业包括工程制造类企业很多也在 100 倍左右，新能源汽车板块，比如宁德时代，都 200 倍市盈率了。现在的估值突破了我所有关于投资的认知，在你们的策略研究框架里，现在的估值概念跟 10 年前相比有什么不同？

傅静涛：其实我们的估值体系框架不只是跟 10 年前相比有变化，跟 5 年前相比也有变化。我们以 2016 年为界，这一年之前和之后，大家看待资产的方式是一个不断进化的过程。其实从影响估值的主要因素来讲，估值跟未来的成长性有关，也跟未来的确定性和可见度有关。2016 年之前的市场，A 股的成长性非常高，非常多的小公司从无到有，逐渐成长为一个中型公司，再向大型公司发展。这些新兴行业，包括一些偏周期性的行业，都在呈阶段性的成长，但是往往持续性不强，或者即使未来有高成长的预期，但是确定性和可见度不够清晰。这个时候，大家在 PE[①] 估值当中反映出来的东西，就是一个根据其成长性给出的溢价水平，大家一般给消费 30 倍，银行地产 8～10 倍，制造业 20 倍，这是对于长期成长性或者稳定状态下成长性的一个预期。

但是 2016 年之后发生了一些变化，这些变化当中，我觉得影响最大的一个就是各行业的集中度普遍提升了，龙头溢价这样一个变化使得各个行业盈利稳定性出现了提升。原来大家按 PE 估值，或按照 PEG[②] 估值看未来的稳态增速，现在可以越来越清

① PE 即市盈率，PE 估值法即市盈率分析法，是以股票的市盈率和每股收益之乘积来评价股票价值的方法。

② PEG 即市盈率相对盈利增长比率，是用公司的市盈率除以公司的盈利增长速度。

晰地用类似现金流折现这样相对完善、相对可以反映更多信息的模型去讨论估值，大家更多地会分析商业模型和复合回报率。龙头高估值肯定有流动性驱动问题，这一点绝对不能否认，但是我们认为产业结构变化带来的估值中枢抬升不可逆。中国经济走到现在，龙头走到现在，估值中枢应该会有一部分是抬升起来的。

姚振山：50 倍还是 80 倍，其实是动态的，很难做一个标准化或者经验性的判断，是这样吗？

傅静涛：我这样说吧，市场在给 80 倍甚至 100 倍估值的时候，反映的是对这些企业中远期的一个预期。比如宁德时代，最近我简单看了一下这家公司：2025 年前，国家战略规划摆在那里，所以宁德时代的成长性也摆在那里；2025 年之后，其实还有一块空间可以体现在估值上，就是我们去挤占欧洲市场，并渗透到全球，最后取得领先全球的龙头地位，如果把这些因素算进去，估值给到 80～100 倍是合理的。到 2025 年业绩兑现、行业地位兑现的时候，不可能再维持这个估值，但是市值空间应该会有扩张。在这种情况下，我们会发现其年复合回报率不错，达到了 15%～20%，甚至有些个股还会更高，那么现在对应的就是买入机会。所以现在大家分析这类资产的方式是有变化的，不完全只看当下的估值，这是我的一个理解。

宋亭亭：大家对宁德时代的研究，包含国内整体技术实力有一个从技术变现到提高盈利能力的过程。宁德时代的估值体系，我们在零部件体系里面有非常明显的体现。我们大概在零部件市场开始慢慢有竞争时，也就是大概从 2015 年开始关注它的。2010 年它开始做配套，最初是给商用车做配套。当时的爆款车型并不多，它的配套使用量有限，前期投入研发费用一直非常高，最后体现在毛利率和净利率上比较弱，整个公司盈利能力相对来说比较差。但这两年因为国内整个工程师红利的原因，目前整车厂平台化、规模化，爆款的概率提升了，动力电池的配套使用量大幅增长。所以在同等研发投入的情况下，它的盈利能力是会提升的。这个时候自主品牌、合资品牌的产量不断扩大，我们能看到非常稳定的盈利来源。不少公司，大家以前觉得 15 倍、20 倍就到顶了，但现在汽车内外饰公司、车灯公司就可以给到 30～50 倍估值。这是因为我国产品技术竞争力逐步增强，从而可为其带来稳定的盈利或者稳定的现金流。还有就是整个行业龙头优胜劣汰，其估值也体现了市占率、盈利能力与现金流折现的变化。

何为“景气科技”

姚振山：你们在 2021 年提出一个“景气科技”的概念，提到了新能源汽车，提到了军工，“景气科技”放在什么样的背景下去理解？

宋亭亭：我们首先要站在全球维度上看整个新能源未来的发展，我们大家所熟知的特斯拉，还有像大众、奥迪、宝马这些车企，都会在 2021 年、2022 年、2023 年慢慢推出一些有竞争力的产品。所以我们一直说，不管是中国还是美国，都有一个共同的特征就是供给创造需求。我们觉得整个新能源市场在明年大概有 50% 以上的增长。

目前新能源车在全球的销量才 400 多万辆，在全球汽车市场中渗透率非常小。目前可以看到大众、ABB（奥迪、奔驰、宝马的简称）等车企在 2025 年的规划中，渗透率可能在 20%～30%。从这个数据来看，未来几年整个行业增速应该是非常快的，所以我们称之为高景气度的状态，这也是我们所说的景气科技。

除了中国和美国，欧洲新能源车的产量还是不错的。我们预测，明年新能源车非常有可能出现上调趋势。比如大众推出的新能源车型，在欧洲环保节能的社会共识下，它的产量以及消费者对它的认可度还是比较高的。所以我们觉得未来无论从车型，还是从新能源车的驱动力来看，新能源车的渗透率会不断地提升，将呈现较快的增长，这是我们愿意给整个板块比较高的估值的原因。

姚振山：燃油车时代，我们的市场没有换来更多的海外汽车技术，比如发动机技术、轻量化材料技术等。在新能源汽车时代，我们占全球新能源汽车 50% 的市场，电池产能全球第一，全球各类汽车公司包括材料公司都到中国来，中国新能源汽车产业链上的公司，会不会形成一批有全球竞争力的公司？

宋亭亭：这是非常肯定的。宁德时代、比亚迪其实已经做了比较好的说明了。去年大家一直在讨论这个问题，中国经济到底有没有可能因为整个新能源汽车或者整个汽车工业而上一个台阶。这是非常确定的。因为过去从传统燃油车的角度大家可以看到，国内汽车市场是在大众、丰田、通用的引领下，前五名没有国产品牌的影子。但是今年无论从总的体量，还是从各个细分领域市场占有率来看，国产整车已经有了比较高的市场占有率。比如比亚迪·汉达到了每月 1 万多辆的销量，比亚迪全年的销量是 20 多万辆，接近 30 万辆。这在过去不敢想，是超预期的。可以非常确定地说，因为有了新能源，我们国家的汽车工业不敢说第一，但肯定在前三的水平，这是从整车的角度看。零部件领域更容易看得到，比如宁德时代跟国内的大众、长城、吉利都有一些合资，说明它在提前锁定未来关键零部件的市场占有率。从昨天的新闻中我看到，三星和现代集团也给了宁德时代一些订单，说明在全球市场份额角逐中也有宁德时代的身影。无论整车还是关键的新能源汽车零部件，我们国家在全球的竞争力都有了非常明显的提升。

姚振山：2021 年各个行业的特点确实不一样，我这有一个汽车行业的数据，比如在海外，特斯拉的市值相当于奔驰、奥迪、福特等很多公司之和；在 A 股，比亚迪市值又比很多传统老牌大型车企大得多。你觉得 2021 年整个汽车行业里面投资会出现什么样的变化？你们的研究报告里说这是“汽车的新周期、新秩序、新机会”，该怎样理解这句话？

宋亭亭：新能源是我们研究的一个重要方向，研究报告更多体现的是汽车行业格局的变化，就是未来汽车会出现电子化和智能化的格局变化。可以从两个方面去分析：

第一，从整车的角度看，未来会有一个优胜劣汰的过程。2015 年以来，人们一直讲电动化、智能化、轻量化，我们看到过去5年中，电动化领域已经产生了很多龙头公司，包括像整车类的比亚迪，还有关键零部件里面的宁德时代、恩捷股份，细分领域也出现了一些龙头。未来比较确定的是供给会创造需求，我们对于整个新能源2021年的增速还是比较有信心的，无论是国内市场还是欧美市场，都将有几十倍的增长。此外，2021年最大的一个新变化就是，智能化会是未来非常重要的主线，智能化其实在2020年已经出现了。2020年，特斯拉以及造车新势力在市值、商业模式、盈利模式等方面，都给传统的汽车厂带来了思路上或者战略上的变化——大众、长城、吉利开始斥巨资加码智能化发展，未来自主品牌往上突围的一个主要驱动力可能就是智能化。未来整车格局会产生比较大的变化，汽车厂商将通过电动化、智能化带来整个产品或者市场占有率的提升。

第二，从零部件板块看，去年受疫情的影响，流动性宽松，制造业或者汽车行业最大的变化就是供给不断地出清。尤其是国内对这次疫情的应对非常有效，让全球的OEM厂商都看到了供应链安全的重要性。所以从二三季度开始，国内很多技术或者管理能力比较好的一些零部件公司，拿到了非常多的海外市场份额或订单。未来我们国家会产生越来越多像星宇股份、福耀玻璃这样的公司，未来零部件全球化这一块是非常好的催化剂。无论是华为、苹果，还是造车新势力，都在进行新的布局，会给很多零部件公司带来非常大的突破，至少会缩短2～3年的时间周期。

无论电动化、智能化，还是零部件全球化，未来5～10年整个汽车工业都将迎来新的机会、新的秩序和新的格局。

姚振山：能不能这样说，机会来自两个方面，一方面你比较看好造车新势力在智能化、电动化方面带来的革命性的突破，另一方面是汽车零部件走向全球，成为行业领跑者？

宋亭亭：对的。

如何培养自己的研究思维

姚振山：股市是多解的方程，也是信息汇集的地方，为什么说股市不可测，因为我们了解的信息总有不全面的地方，我们不可能对股票涨跌的全貌看得很清楚。有人想问申万宏源的各位老师，如何培养自己的研究思维？这个问题交给周所长，你是如何构建申万宏源研究团队的研究思维的？

周海晨：申万宏源一直被称为业内的黄埔军校，比如我们的招聘，就体现了我们对研究思维的重视。我们会要求我们的分析师，以及有志于成为分析师的朋友，要有这样一个完善的知识结构：基本的经济学、金融学、管理学知识。同时，我们还会看重他们的分析能力、逻辑能力。举一个例子，如果我们要分析一个公司的市场空间，我们会去分析这个行业有多大，赛道是不是一个好的赛道，市值多大；这个公司是不是具备好公司的特质，是不是有好的商业模式……这些分析体现了你的行业分析能力，包括对公司的分析能力，你必须将一系列你所学的经济学、金融学、管理学的知识应用到相应的分析当中去。在这个过程当中，你可能还会和上市公司交流，和投资者交流，这就是我们常说的实践出真知。当然对于散户朋友们来说，我觉得可以从日常生活当中开始不断地练习。如果你要去做一些投资的话，至少可以从身边的情况去分析——像巴菲特、彼得·林奇所说的那样，这样比较容易一些。

举一个简单的案例：央视肯定属于一个很大的平台，过去属于传统媒体，但是现在也开始重视网络端的发展，包括抖音、快手等一系列短视频的运用。央视开始利用这一系列的互联网工具，最终成了融媒体。这是一个平台的自我进化能力，你们确实在利用这些先进的传媒工具，利用现在的传播手段，不断地区别、升级。一个企业为什么有生命力，这就是一个很好的例子。

我原来也不网购，在这次疫情期间，我下载了网购软件，开始网上购物，既方便了自己的生活，也打开了自己的认知边界。所以在日常生活当中，我们可以逐渐去锻炼这些能力。

估值回落，核心资产再聚焦

姚振山：说到市场问题，你们提出，2021 年白酒、医药和休闲服务可以核心资产再聚焦。怎么理解再聚焦？

傅静涛：我们对于核心资产再聚焦这个概念的理解就是，2019 年和 2020 年，我们选择的一些行业，不光一线股票在涨，二线甚至三四线股票都有不错的表现，后线公司出现边际上涨，反映了流动性驱动特征；另外我们也会看到，确实出现了一些高景气行业，疫情当中受损相对小甚至还受益的行业，甚至整个板块表现都不错的行业。我们对 2021 年的展望还是业绩要消化估值，如果某一个阶段政策转向，流动性不像去年这么宽松，就会有一个估值回落过程。这个回落过程当中，我们对于核心资产估值相对高的行业，需要有一个再分析过程，需要回到医药、出行服务、白酒龙头上。广义上讲，龙头股的投资依然占优势。龙头股投资过程当中不要轻易发散，要保持龙头持仓，可能就是一个相对攻防兼备的配置方向，这就是再聚焦的含义。

姚振山：那么如何聚焦龙头公司？为了投资者收益率的提高，如何寻找未来有可能成为龙头的公司？

傅静涛：我觉得这两块都是在投资当中必须要把握的重点。

第一，对现有龙头股公司的投资。现在已经是龙头的企业处在估值体系已经重构的偏长期，它们在产业链当中证明了自己的地位之后，会有一个业绩消化估值、长期走慢牛、有稳定合理收益的过程。可能有些资产估值合理，年复合收益率大概在 15%～20%，已经令很多投资者满意了，长周期来看这类资产依然值得底仓配置。

第二，对动态龙头股的投资。就是要寻找可能成为龙头的景气方向。在我看来，这一块的研究永远都是在二级市场，也就是在资本市场研究中最有阻力、最有魅力、成就感也最高的一个方向。任何年份，不管流动性多紧，只要找出当年新的龙头方向，大概率都是估值和业绩双升的。所以比较新、老龙头二者的收益率，毫无疑问新龙头更高。新龙头会带来更高的收益，但是研究门槛也会更高。

姚振山：很多人觉得 2021 年的投资机会越来越多，也越来越大，但我也看到 2021 年各个券商的研究报告里，大家都在说一句话：我们要降低 2021 年的收益率预期。假如大家形成一致预期的话，2021 年的投资收益率会不会有超预期？

周海晨：我觉得不管是 A 股战略机遇期，还是权益大时代，从长期来看，整个 A 股的机会是非常大的。2021 年我们还是要善意提醒大家降低一些预期。目前来看，尽管整个基本面在改善，如果价格和估值持续涨得比较多的话，肯定会有估值和价格的回归。毕竟市场已经持续两年走牛，尽管我们对于第一季度非常乐观。在这个时间点上，为什么傅静涛说要把握当下？第一季度资产的整个流动性出现好转，甚至整体业绩出现了高增长，这一块确实是要把握当下。但是如果往二、三、四季度走的话，会有一些不确定因素，这会影响到收益率预期。所以从这个角度来说，我们要降低收益率预期。

姚振山：假如说我想建一个投资组合，这个组合有新能源汽车产业链的标的、白酒类龙头股、半导体产业链，再搭配一点医疗服务，如果我在 2021 年做这样一个组合，我会不会有一个超预期的收益？

周海晨：预期多少？

姚振山：50%，你们一般预期 20%，我们散户想要搏一搏，你们机构要搏安全嘛。

周海晨：我个人感觉，这一块还是以策略观点为准，可能跟我比较谨慎的风格有关，不敢有这么乐观的预期。

傅静涛：这个可能要让姚老师失望了。2020 年同样有景气行业，医药、食品饮料、电器设备、新能源汽车，新能源包括与光伏、风电相关的都涨了很多。领先的三个行业收益率平均水平都在 80% 以上，都是这样的绝对水平。这些资产在去年的巨大涨幅，客观来讲，从某种程度上反映了对 2021 年继续景气以及业绩依然高增的预期。但 2021 年主要看业绩，如果配置远期预期较好的资产，20% 的收益率预期是可以实现的，但是想突破 20%，我认为需要在宏观上、总量上有一些意外宽松，如改革超预期，或者基本面超预期，可能才会有这样的收益率。所以我现在不支持你的回报预期。

姚振山：如果我只买新能源汽车产业链的股票，2021 年有没有机会实现收益 50% 以上？

宋亭亭：其实对于整个汽车行业，刚刚我们谈的大部分都集中在电动车领域，这里面包括龙头公司在内，都有一些机会。对于我来说，我会提两个细分领域。第一个细分领域，传统汽车在过去 2 年，甚至过去 3 年，因为整个政策的原因，导致它处于价值洼地。根据 2021 年传统汽车总量判断，其实我们的策略报告也指出可能有 10% 左右的增长。部分龙头公司（主机厂）也发布了 2021 年的销量目标，大概会有百分之十几的增长。传统汽车整体也会慢慢跟上来，整个价格和预期会有一些相辅相成的因素，比如传统汽车销量增长会带来整个零部件产业链产能利润率的提升。如果从整个制造业角度来讲，我比较看好整个制造业盈利能力的回归，尤其是零部件行业，其实还是偏成长型的。

第二个细分领域就是智能化这一块。我们认为，经过 5 年的发展，电动化其实发展得比较规范了。智能化可能才开始，2020 年会是一个元年。目前我们也看到了很多优秀的公司，2021 年类似于电动车这些比较优秀的公司，慢慢也会上市。如果稍微拉长一点，从 1～2 年的维度来看，在整个汽车智能化领域，我们是可以获得超额收益的。所以如果配一个汽车领域的组合，我可能会选择传统汽车加上智能化、再加上新能源这个组合，其收益能够超越 20%。

姚振山：我知道很多普通投资者都有搏的想法，我就是想通过你们告诉大家投资不要有搏的念头，降低预期会在股市里活得更长。最后，问周所长一个问题，去年 3 月份以来工程机械行业行情不错，主要驱动原因是什么？未来工程机械行业在海外市场的增速如何？今年是否还可以保持国内外销量的高增长？

周海晨：工程机械过去一段时间业绩增长持续超预期，而机构、分析师也一直在不断地上调盈利预测。传统机械是周期性很强的行业，包括中联、三一重工在内，整个行业的业绩波动性非常大。这两年机械行业，特别是工程机械持续高增长，龙头公司以自身实力抗衡周期的能力越来越强。我从业十几年，之前看到这些行业，基本上就是两三年的景气周期，然后必然会下降。大家原来觉得这些工程机械给 8～10 倍，基本上到一定位置就给卖了，这两年整个工程机械确实持续地好转。我觉得这里面有国内投资拉动的原因，也是这些公司努力开拓海外市场的一个结果。综合这些因素，最终体现的是这些公司在全球竞争力的提升，它的整个盈利持续性更加偏长期。在这样一个情况下，大家会发现这些公司以前估值低，因为它们是周期股，到了周期顶端就应该卖出，但现在整个周期被这些优秀公司拉长了，而且这些公司与以前那些消费白马相比，现金流并不差，整个盈利持续性也不差。这两年，这类公司一方面赚了业绩的钱，一方面又赚了估值提升的钱。展望未来，如果这些公司在国内的增长和国外的增长都能持续，市场集中度也能够持续提升的话，我们觉得仍然可以利用这样的增长给投资者带来红利。

主持人手记

以前我们在谈论牛市的时候，会言不由衷地说，希望市场是个慢牛。但是每个人内心，习惯把这句话的重点放在“牛”上，而不是“慢”上。而这种潜意识叠加市场情绪的自我强化，投资者希望尽快和尽早获利的预期，最终慢牛呈现出来的是“快牛”，再演化为“疯牛”，最终“一地鸡毛”。而这一期的讨论，分析师明确地提出来，我们的慢牛，核心是“慢”，让业绩能够消化因为流行性泛滥带来的估值快速提升，让时间来证明业绩的持续增长。让慢牛真正成为中国股市的新的运行逻辑，让老百姓的财富得到稳健的持续性的增长，让股市从一个容易过热的投机性市场，变成一个“热络”却不“过热”的可投资的市场。对市场的认知重心主动从“牛”转变到“慢”，其实核心是投资者的逐渐成熟，研究者的逐渐成熟，是市场参与者共同驱动市场逐渐走向成熟。让我们期待来一场虽“慢”却“牛”的牛市，这才符合各方参与者的根本利益和长期利益。

PART

4 站在时代的起点，如何把握龙头投资机会

姚振山 vs

中信建投证券研究所所长兼国际业务部负责人
董事总经理 武超则
TMT 行业首席分析师

中信建投证券策略首席分析师 张玉龙

中信建投证券军工及新材料行业首席分析师 黎韬扬

中信建投证券研究发展部汽车首席分析师 程似骐

中信建投证券

CHINA SECURITIES

中信建投证券研究发展部脱胎于原华夏证券研究所，是行业内第一梯队专业卖方研究机构，具备国际化视野。中信建投证券研究发展部是第一批与基金管理公司、保险公司、全国社会保障基金理事会签约的证券研究机构，其服务的机构客户包含所有头部公募基金、保险资管、银行、产业基金、大型私募等主流买方机构及香港、台湾等地区的客户。

武超则

中信建投证券研究所所长兼国际业务部负责人、董事总经理、TMT 行业首席分析师

新财富白金分析师，2013—2020 年连续八年获得新财富最佳分析师通信行业第一名，2014—2020 年连续七年获得水晶球奖行业分析师评选通信行业第一名。她专注于 5G、云计算、物联网等科技领域研究，是中国证券业协会证券分析师、投资顾问与首席经济学家委员会委员。

张玉龙

中信建投证券策略首席分析师

北京大学光华管理学院金融学博士，拥有丰富的金融研究经历，致力于经济与金融前沿理论创新和应用，先后在《金融研究》《管理世界》《经济学季刊》等顶级学术杂志上发表多篇论文，深度参与了科创板的设计研究工作，发起了中证科技 50 策略指数和科技 50ETF 基金的设计工作，著有《科创板投资策略十讲》。

黎韬扬

中信建投证券军工及新材料行业首席分析师

北京大学硕士，曾获得 2017 年保险资管最受欢迎分析师第二名、水晶球奖第二名、WIND 军工行业第二名。2018 年获水晶球奖第四名，新财富最佳分析师评选军工行业第五名，WIND 军工行业第一名。2019 年获水晶球奖第四名，新财富最佳分析师评选军工行业第四名，WIND 军工行业第一名，并获得《财经》研究今榜“行业盈利预测最准确分析师”称号。2020 年入围新财富评选榜单，获水晶球奖第五名，WIND 军工行业第一名。

程似骐

中信建投证券研究发展部汽车首席分析师

上海交通大学车辆工程硕士，曾任职于东吴证券、国盛证券，拥有 4 年证券行业研究经验。曾深度跟踪整车和智能驾驶产业链，覆盖产业链最上游车载芯片到下游最前沿的 L4 Robotaxi，持续跟踪大部分一二级标的。他于 2020 年获得新浪金麒麟汽车新锐分析师第一名、金牛奖第五名（团队）。

❖ *A 股市场正在从一个以散户为主的市场向以机构为主的市场演变。*

❖ *龙头公司特征：第一要具备“护城河”，第二要具备很强的盈利能力，第三要具备长期持续增长的能力。*

❖ *公司的类型：项目型、产品型、平台型、生态型。*

❖ *过去 10 年的发展方向是网络化、信息化，未来 10 年的发展方向是数字化和智能化。*

❖ *计算机行业的投资机会接下来不在应用本身，在产业端要找的是能够服务于数字化转型的核心技术的 TMT 公司，云计算里的 PaaS 公司、网络安全公司、SaaS 应用公司，要承担起赋能者的角色。*

❖ *新经济领域、数字化革命、高端制造等发展方向，在 2021 年甚至 2022 年都是整个市场持续占优的主线。*

❖ *什么能决定估值？两个方面，一是行业发展空间，二是公司所在赛道的竞争格局。*

❖ *新能源汽车的渗透率才 7.5%，到 2025 年能达到 20%，中间有 3 倍左右的空间。所以整车一定具备投资价值，整个中游和上游也具备同样的投资价值。*

风物长宜放眼量

姚振山：近日，A股走出了“六连阳”，指数在上涨，但下跌的股票却越来越多，还有一个数据显示，最近60个交易日市值越大的股票，涨幅越高。1000亿以上市值的公司，平均涨幅是22.6%；500亿～1000亿市值的公司，平均涨幅是18.7%；200亿～500亿市值的公司，平均涨幅12%；100亿～200亿市值的公司，平均涨幅只有3%；50亿～100亿市值的公司，平均涨幅是-2.7%；50亿以下市值的公司其平均涨幅是-9.4%。对市场上演的这种“崩盘式上涨”，以及股票上涨区间的变化，你们有什么样的看法？

武超则：从2018年到现在，市场结构正在发生变化，其背后的一个核心逻辑是：A股市场正在从一个以散户为主的市场向以机构为主的市场演变。机构重仓白马股，这部分股票持续被推高。

从基本面上来看，我觉得未来不再分大的公司还是小公司，而是分好公司和差公司，这是注册制改革带来的必然结果。两年前科创板推出的时候，我们做过分析，未来A股港股化趋势比较明显，接下来将持续分化，今后A股会继续沿着这样一个逻辑演变。市值特别小、管理有效性很强的公司没有被市场筛选出来，也许是在赛道、治理结构或基本面上有一些问题，所以大家行为一致地买头部的行业龙头或次龙头。我恰恰觉得

2021 年接下来做产业研究、行业研究的重点对象应该是那些五六百亿市值的公司。

姚振山：所以你们的策略报告提出来，就是要抓住下一个龙头公司。龙头公司应具备哪些特点？为什么要抓住龙头投资机会？

张玉龙： 在高质量的发展过程中，一定是谁的盈利能力更强，谁为社会创造的价值更大，谁的“护城河”就更深。此外我们还会看到这类公司的市值也开始具备一定的规模效应，规模效应很重要的优势在于要么长期边际成本最低，要么就是我们所说的具备渠道优势，或者可有效抵御固定资产折旧以及研发费用的摊销带来的效益减少。在这种情况下，我们就会看到这些龙头公司在竞争当中就会越来越强。简单总结一下，我们认为公司第一要具备“护城河”，第二要具备很强的盈利能力，第三要具备长期持续增长的能力，这就是我们所说的龙头公司。

把握龙头投资机会是一个非常重要的策略，而且我们认为这个策略未来还会持续，因为机构投资者开始主导整个边际定价过程。从 2014 年开始，外资主导整个市场，那么它选出来的就是这种低估值、盈利能力很高的白马股；从 2018 年往后到现在，我们注意到中国的公募基金，特别是研究能力强的公募基金，在定价能力方面会进一步主导市场，而且我们后面还会看到更长期的长线投资者会成为新增资金。这样的话，大家的研究思路和方法就会进一步转向具备持续成长能力的这些公司，之后这样的公司才会持续获得溢价。散户投资者要看清这种趋势，不要在结构化的行情里抱持过去选低价股、小盘股的思维。

姚振山：跟2020年相比，你们的策略在2021年的选股架构下有没有变化？

张玉龙：2020年和2021年相比有非常明显的变化，我们在“年度策略报告”里提到“风物长宜放眼量”，就是要让大家从一个更长的维度来考虑现实和做出策略判断。我们预计，2021年市场的上涨将与2019年、2020年完全不同。因为最近经济处于下行触底又逐步复苏的过程当中，相对来说流动性会保持一个比较宽松的状态，这种宽松的流动性是驱动整个股市上涨的很重要的因素。2019年成长股、电子、半导体这些领域涨得非常好；2020年因为疫情的原因，高科技、生物、医药以及下半年的新能源汽车，包括我们的军工领域涨得都很好，这些都跟流动性相关。但是从2020年下半年开始，预计2021年整年，这个逻辑会发生一个较大的变化。

随着疫情的好转，中国经济会进入一个比较正常的阶段，我们称之为复苏阶段，这个复苏阶段的增速其实是比较接近我们的潜在增速的，当然不可能回到过去10%左右的增长。简单来说，我们预计2021年经济实际增速在9.5%左右，CPI上涨在1.5%左右，这两个加起来名义GDP增速预期是11%。

如果2021年处于完全稳定的状态，要指望估值再次提升不太容易，主要还是要靠业绩驱动。如果业绩不断地上涨，但利率、流动性不断收紧，在这种情况下，一般市场会处于振荡态势，这种振荡态势会缓慢向上行，所以结构分化就会非常明显。

制造业这个经济转型受益品种在2021年是被特别看好的，尤其是强化制造的方向会表现很好。但是传统的不具备竞争能力的公司，在这种存量资金的市场里，业绩就会越来越差。当机构投资者又开始主导市场的时候，大家这种价值发现能力就会很强。之前大家可能还预期是不是过去两年的估值分化差异很大，会不会收敛，答案是不会收敛，可能差距会拉得更大，但会沿着我们所说的持续向好的方向——新经济领域、数字化革命、高端制造等方向发展，这在 2021 年甚至 2022 年都是整个市场持续占优的主线。

军工：黄金十年的成长起点

姚振山：从军工行业来说，你们认为军工行业处在一个成长的起点，这是不是意味着军工行业里面很多中型公司未来会变成大的龙头公司？

黎韬扬：为什么最近大家对军工的关注度越来越高，很重要的原因是整个行业的景气度和确定性向上了。我们通过产业研究发现，“十四五”规划实施后，包括百年建军奋斗目标的提出，国防和军队化建设将不断加快。预计未来 3～5 年，既是持续的产能扩张期，也是持续的业绩释放期。

大的变化正在发生，军工产业外溢效应正在进入黄金十年或者黄金二十年。为什么这么说？从行业本身的发展规律来说，通过过去几十年国家对国防领域的持续投入，无论是人才优势、技术优势，还是产品优势都已经到了一个临界点和爆发点。同时我们看到外部环境日趋复杂，国产替代品日益成为刚需，国内产业链整体在往中高端走，整个“卡脖子”领域会不断被突破。一些新兴产业，像5G、人工智能、自动驾驶在蓬勃发展，还有航天、无人机通航、航空发动机等都在不断进步，天时地利人和会让大部分军工产业链上游或者下游的一些龙头公司在未来拥有进化成为一个平台型公司或者龙头型公司的机会。

我们在研究公司的时候，会把它们分为几类：项目型公司、产品型公司、平台型公司、生态型公司，80%～85%的公司属于项目型公司，15%左右的公司是产品型公司。现在我们非常欣喜地发现，最近3年，因为整个军工产业外溢效应日益显著，5%左右的公司正在由产品型公司向平台型公司进化。在这个进化过程当中，它们的市值可能从100亿、200亿进化到500亿，未来甚至逐步地进化到1000亿。这实际上是一个公司商业模式的变化，是下游应用市场的扩张，也是我们刚刚谈到的龙头的诞生历程。这是我们对行业跟踪这么多年，发现的一个新的产业趋势。所以我们所定义的成长的起点有几层含义：第一，它是军工行业业绩释放的起点；第二，未来10年是军工产业外溢效应推动军工股成长的黄金十年。我觉得这是我们区别于其他团队的一个非常重要的核心创新点。

姚振山：2020年11月份以后，军工产业又迎来了比较大的一轮上涨，估值也顶得比较高，2015年市盈率曾经到过200倍，现在和过去有何不一样？你们的报告里说，供需拐点是成长的起点，现在军工开始讲业绩，我们该如何看待军工的估值呢？

黎韬扬：主流机构投资者对军工板块当前点位也存在这样一个疑

惑。2015 年大牛市的时候，军工 200 多倍市盈率，当时是一个杠杆牛，流动性异常宽松，所以那个时候能够到 200 多倍的估值，外部环境的影响更重要。跟 2015 年相比，现在外部环境发生了很大的变化，并没有出现像 2015 年那样的异常宽松的流动性，从这个层面上讲，当前的估值和 2015 年的估值有着不一样的内涵。

其次，过去的军工和现在的军工驱动因素不一样。2014—2015 年是第一轮高峰，2021 年之后会是第二轮高峰，这两轮高峰的驱动因素有天壤之别。第一轮高峰驱动因素是对于低资产证券化率下的资产注入的预期，包括对 2014 年、2015 年并购重组的预期，以及军工当时研究不透明带来的一些神秘感导致的溢价。现在整个产业发展表明军改之后市场的需求发生了变化，供给端国防工业部门进行了调整，整个产业市场化程度越来越高，本质上就是业绩驱动非常确定，所以说供需拐点是成长的起点。

我认为军工现在的投资逻辑跟新能源车有相当多的共同点，新能源车现在给这么高的估值，一是因为有未来增长的确定性，二是有更加广阔的市场空间。军工也一样，未来无论是怎样的发展环境，军工持续投入很确定，所以行业的增长也是很确定的。另外整个产业的空间已经完全打开了，除了军工行业本身的增长之外，还有更多的增长来自军工产业的外溢效应，相较于过去的传统军工产业，这种变化可能是指数级的。我们举一个例子，航空发动机的唯一龙头企业航发动力的估值已经到了当年的 130 倍，投资者如何看待这只股票？如果单纯用当前的绝对估值去看，显然会觉得太高了。驱动它继续上涨的逻辑是，未来 20 年航空发动机产业数万亿的市场空间以及航发动力在这个领域的绝对垄断地位，它的上涨是唯一的竞争格局和增长的确定性所带来的。

我们再引入另外一个概念，选择这些公司估值很重要，但是什么能决定估值？两个方面，一是行业的发展空间，二是公司所在赛道的竞争格局。如果它的行业发展空间很大，竞争格局很确定，甚至是唯一的龙头，我认为它的估值就可以用未来 20 年的一个估值做一个 DCF 模型[①]来折现。所以从这个角度来说，过去绝对估值的概念只是从一个侧面去分析一家公司，我们现在要多维度地去看公司未来的成长趋势。

姚振山：也有人提出了一个有点左右手互搏的问题，军工见顶了吗？现在是不是好的布局点？

黎韬扬：首先回答第二个问题。第一，我们看产业的周期，现在是一个 3～5 年产业成长周期的起点，这是确定性的，这是从产业的角度来看。第二，对于军工行业本身的估值来说，通过数据分析，我认为它还处于一个中下部的区间，这是从市场的角度来看。第三，除了军工行业本身的增长之外，产业带来的外溢效应显示 2021 年才是真正的起点。所以综合以上三点，我认为现在就是起点没错。回答完第二个问题，第一个问题也就回答了，军工现在一定就不是高点了。

姚振山：军工领域对于很多人来说确实很陌生，离我们个人生

① DCF 是 Discounted Cash Flow 英文首字母的缩写。DCF 模型即现金流量贴现法，就是把企业未来特定期间内的预期现金流量还原为当前现值。

活比较远，你们提出军工产业上游已经爆发，下游可能会在未来爆发，下游能不能给我们再细分一下，给我们明确说几个细分行业。

黎韬扬： 军工行业的下游是主机厂，中游是提供核心分系统的公司，上游是元器件、原材料公司，这是我们的细分体系。下游的主机厂在扩产的时候，中游的分系统也会随之扩产，这是行业的叠加效应。当它们都在扩产的时候，再叠加到上游，比如做器件和做材料的公司，它们的增速一定会比中游和下游要更快一些。

我们现在看到上游是百分之百的增长，下游、中游的增长分别是百分之六七十和百分之三四十。上游公司的增速非常快，是因为上游公司能提供基础材料、基础器件。2020 年的疫情对军工影响比较大，但军工的细分产业链也迎来了巨大的历史机遇。比如一些红外产业链公司，像高德红外 、大立科技等，原本是给军工做配套的，但是疫情时期，他们把产品和技术转化为测温仪，整个业绩出现了爆发式增长。

我们该如何从军工上游核心的原材料、元器件公司中选择未来的景气赛道呢？很简单，军工的下游比如说航空，需要高温合金，需要钛合金，还有就是碳纤维；从上游来看，未来军工民用的发展空间非常大。

数字化、智能化

姚振山：提到高端制造，大家都会把它和智能化、数字化等联

系在一起。怎么理解数字化？它到底会带来哪些革命？这些行业的投资机会，是不是跟通信和计算机关系最为密切？

武超则：每一轮科技或者硬件技术迭代都会带来应用的变化，与我们的生活息息相关的移动互联网，发展到今天大概也就八九年的时间。我们回头看看通信发展的历程，能清晰地看到3G时代手游爆发，4G时代抖音、快手等短视频爆发，5G时代我们会看到什么，大家都在寻找答案。过去10年的发展方向是网络化、信息化，未来10年的发展方向是数字化和智能化。过去10年所有商业模式的创新，不管是视频形式还是图片、社交模式，其本质上是线上线下连接带来的红利，典型的O2O行业，电商是其中的代表。过去的网络是两点，是直线连接，未来10年，5G会带来三维网络，未来的数据或者信息化带来的一定是多维度连接，我们叫作数字化。所有的信息，包括人的画像，我们叫作数字资产，都可以用代码表示出来。数字化是前提，一定要有数字资产才能走向智能化，然后再去考虑哪些行业会实现智能化。这是第一点变化：从网络化、信息化走向数字化、智能化。

第二个变化，应用端从to C走向to B。如果5年前做采访，我会带上传媒或者计算机分析师，今天我带来了程似骐和黎韬扬，隐含了我所理解的所谓新基建。我所专注研究的TMT领域，接下来能带来最大质变的不是消费互联网，不是to C端变化——它们是衍生性的，会发生质变的一定是产业端。这也影射了我刚才说的数字化，到底把什么东西数字化。过去C端大数据、精准营销，包括用户画像已经做得很好了，但军工行业、汽车智能化行业以及高端制造业，其实还处在信息化阶段，我认为未来这些行业的空间是非常大的。这是我讲的第二点，它一定是产业数字化，就是 to B 端的数字化。

第三，接下来一定是万物上云的过程。以前如果你问我最牛的应用是什么，我的答案一定在手机里。打开手机，每个人使用频率排行前五名的 APP 基本上就是业绩最好的公司，比如美团、微信（腾讯）、淘宝（阿里巴巴）、拼多多等。未来应用不是长在终端里，而是长在云和网络上。最终在云端我们会看到非常大的 SaaS① 公司。

计算机投资机会如果还按照以往的思路，去寻找爆款应用，可能就错了，因为不会再有爆款应用。我们应该去产业端寻找能够服务于数字化转型的核心技术的 TMT 公司，比如云计算里的 PaaS② 公司、网络安全公司、SaaS 应用公司。

姚振山：数字化带来的革命，促使制造业，尤其是高端制造业，包括军工和汽车业向智能化转变。汽车行业现在正向电动化转变，对汽车的电动化和智能化，你更看好哪个？

武超则：电动化是开始，智能化一定是接下来的主力。汽车领域要思考未来哪个场景属于真正的 C 端付费。几年前 TMT 研究员、汽车研究员、新能源车研究员各执己见，争论得很激烈，今

---

① SaaS，Software-as-a-Service 的缩写名称，意思为软件服务，即通过网络提供软件服务，SaaS 平台供应商将应用软件统一部署在自己的服务器上，客户可以根据工作需求，通过互联网向厂商定购所需的应用软件服务。

② PaaS，Platform-as-a-Service：平台即服务，把应用服务的运行和开发环境作为一种服务提供的商业模式。

年大家的看法却高度一致，自动驾驶一定是汽车领域的终极付费场景，就如同当年智能手机必将淘汰普通手机一样。

以前买车是买固定资产，未来是买服务——用软件定义服务的过程，闭环服务就是自动驾驶。谁能完成自动驾驶，这是个长期的问题，其本身跟整车厂的竞争格局（背后是芯片和算法，涉及大量做 GPU 和做算法的公司），跟每天多少辆车在路上跑有很大的关系。现阶段，我们觉得，投资供应链更合适，就像 3G 时代手游爆发时，投移动广告，4G 时代短视频爆发时，投 CDN①、云计算。也可以投相关做芯片、软件的公司，包括做汽车电子的公司。

姚振山：2021 年哪些细分行业的确定性机会最大？

武超则：云计算整个链条以及未来的产业数字化，对存储、算力、人工智能的需求巨大。我最近花了很多时间调研，发现解决自动驾驶的核心问题是数据的处理能力和算法，而不在简单的硬件层面，不是出现一个硬件就能解决问题的，其背后是数据和生态背景。我相信这离不开大量做芯片的半导体公司，离不开做软件的算法公司，更离不开做 AI 的人工智能公司。

回到 TMT 本身。自 2011 年以来，投资者从来没有像今年一样这么重视过 TMT，所以细分板块的机会还是非常多的。短期来看赋能，先要想清楚一件事情：在计算机行业里面，围绕云

① CDN 是 content delivery network 首字母的缩写形式，是一个部署在互联网中多个数据中心的，由多个服务器组成的大型分布式系统，给终端用户提供高质量且可快速访问到的服务，如电子商务、下载、流媒体直播、社交网络等。

计算链条的，不管是刚才讲的 SaaS 类的公司，还是 SaaS 背后像用友、金山等做网络安全的公司，都是在通用场景下提供广义支撑，我个人觉得目前这部分的成长性非常确定。

云计算本身，比如做混合云、云基础设施的公司，未来还包括能源电力以及水站、电站等公司，一定会充分分享行业流量增长带来的红利。目前 5G 技术还没有发展到智能网联汽车阶段，但随着电动化、智能化的发展，最终一定会网联化，变成车联网。就像手机经历了从诺基亚时代到苹果时代，到智能化时代，再到网络化时代这样一个发展历程。

除了云计算之外，我认为比较大的核心投资机会一定来自核心技术，TMT 里面核心的点就是解决"卡脖子"领域，目前来说半导体的空间最大。半导体很多地方有点像军工，新能源、军工过去一年经历了从不确定性到毫不怀疑。我个人比较看好半导体，包括设计类龙头公司。

最后一点要说明的是，2021 年下半年伴随着 5G 用户渗透率的提升，5G 应用将逐步展开。我觉得大趋势应该不会变，结局一定会来，只是什么时候到来的问题。其实 VR、AR，包括一些高清直播，都是 to C 领域；to B 领域的智能网联汽车，包括工业互联网，都属于应用场景，在应用层面上大家要多关注一些应用类公司。

新能源汽车：电动化和智能化

姚振山：程似骐说一下细分领域里面智能化的发展，比如 2021

年，是不是我们现在可以重点关注了？因为现在大家看宁德时代180倍的市盈率，很多公司做材料，平常三四十倍的市盈率，现在100倍的市盈率，哪些细分行业机会更大？

程似骐：电动化是上半场，智能化是下半场，市场基本上可以反映出来。目前来看电动化相对而言确定性更强，所以我们看到它的估值溢价较高，而且今年整个机构抱团更为明显。智能化方面的上市公司没有那么多，目前，整个产业链上的上市公司主要分布在三个领域：智能座舱、智能驾驶、车身电子。

从投资机会来看，智能座舱目前大家逐步看清楚了，智能驾驶产业链里面，无论是硬件类激光雷达、摄像头、毫米波雷达，还是决策层的控制器以及芯片，可能还要再等待一下。

姚振山：智能化细分领域，A股上市公司比较少，是不是意味着A股目前存在的几个公司可能会突破所谓估值限制，会涨得让你根本看不懂？

程似骐：A股市场在智能驾驶方面，应该说做得比较突出是德赛西威，相对而言在智能驾驶预控制器方面，德赛的能力已被市场所认可。2018年它和英伟达签了合作协议，芯片用于制造预控制器，理想也和英伟达签了合作协议。德赛在智能驾驶预控制器方面走在国内前列，德赛去年的股价或者估值里面已经反映出一部分预期是因为标的的稀缺。与此同时我们也要看到，对于主机厂来说，它们更愿意自己做，无论长城、上汽，还是吉利，大家都有自己的计划，未来大家都要做自己的预控制器。我们认为这个行业未来一定是高速发展、急速演变，但也不能下定论说一定是某一家独大。

姚振山：电动化的过程中，未来投资的机会是不是应该在电池材料，比如正负极和电池上？2021 年如果投资电动车领域的话，应该重点投谁？

程似骐：这是矛和盾的问题，大家投得更多的是电动化的概念，说明大家更关注上游。从整车角度来说，2021 年应该关注下游，这是过去两年一直没有被关注的，也可能是大家没有找到合适的标的。2020 年开始的这个投资机会不会很快结束，整车估值还是要看基本面的变化，目前新能源汽车的渗透率才 7.5%，到 2025 年能达到 20%，中间有 3 倍左右的空间，所以整车一定具备投资价值，整个中游和上游也具备同样的投资价值，从 2020 年第四季度开始，股价上面也有比较明显的反映。2021 年我们认为中下游产业与整车类似，基本面上行，但估值是否会收缩，我们认为值得商榷。一句话，整车的机会相对而言一定不能错过，中游、上游具备相同的机会，毕竟这是一个长达 5 年的大赛道。

武超则：针对产业链的不同阶段，对于新能源车来讲，前期应该投产业链。以当年的手机市场为例，胜出的手机厂商后来非常强势，但是在看不清楚最终哪个整机厂会胜出的时候，投产业链的确定性更高一点，汽车行业亦然。电动化和新能源化处在不同阶段，新能源化其实已经分化了，简单来讲，每个赛道，不管是电池还是整车厂，龙头其实已经出现了。但是电动化还处在几年前新能源化刚开始的阶段。这是两个不同的阶段，我们做投资的时候，需要考虑时间的维度，投结果很重要，但如果最后投不了绝对的胜者，投过程也很重要。

从“抱团取暖”到“抱团投资”

姚振山：有网友问到，A股处在一种龙头抱团趋势当中，部分龙头或多或少存在泡沫，这种抱团趋势是否还能持续？

张玉龙：这个问题我来回答，其实所谓抱团现象大家只是看到机构投资者集中买入了很多龙头公司，至于它是不是泡沫，我们觉得这是值得商榷的。比如很多公司，如果站在长期的维度——5年或者10年来看，这个估值其实相对比较合理，尤其是那些独一无二的、具备长期的增长潜力、长期的竞争优势，同时“护城河”随着时间的推移还在不断加深的这些板块以及公司，是没有问题的。

参照一下海外市场，最近大家讨论比较多的话题是“A股美股化”或者“A股港股化”。在美股里，大家会看到facebook、苹果、亚马逊、谷歌这些公司持续上涨，美股里表现最优异的这部分基金，大家的持仓基本上都是一样的，这种情况过去持续了10年。1982年左右，美股的投资者结构发生了变化，机构投资者兴起并逐步在全球市场范围内配置这种龙头公司，这个状态持续了三四十年。在中国，大家也会看到机构投资者的定价能力越来越强，市场越来越有效，我们相信这个过程也会持续，这也是我们所强调的“它其实不一定是泡沫，更多反映的是市场正在走向成熟”。

主持人手记

证券行业公认的“最美所长”武超则，以研究通信和TMT起家，向来以勤奋著称。本来靠颜值就可以“包打天下”了，却偏偏不断给自己加磅，凭借自身实力又成了最年轻的研究所所长。而几位颜值担当的年轻研究员，研究功底扎实、老辣，无论是对军工的长周期的成长预言，还是对龙头公司选股标准的界定，无论是对电动汽车电动化到智能化的推演，还是对计算机行业数字化、智能化的前瞻，都显示出开阔的视野、深入的思考，这些是来自勤奋呢，还是来自颜值呢？

PART

5 如何把握科技强国的投资机会

张　琳 vs

张　琳 vs	安信证券研究中心总经理 计算机行业首席分析师	胡又文
	安信证券计算机行业首席分析师	吕　伟
	安信证券军工行业首席分析师	冯福章

安信证券
ESSENCE SECURITIES

安信证券研究中心自 2007 年成立以来，依托丰富的平台资源和强大的股东背景，不断创新，勇于开拓，牢牢把握市场脉搏，保持积极敏锐的思维，近年已跻身券商一线梯队。始终把客户的信任当成自己最宝贵的财富，目前已经形成规范的研究管理流程和严谨的合规控制体系，以求最大限度地保护客户的利益不受潜在利益冲突的威胁和损害。

胡又文

安信证券研究中心总经理、计算机行业首席分析师

牛津大学金融经济学硕士，2010 年加盟安信证券研究中心，成为新财富白金分析师。2014—2020 年连续七年获得新财富最佳分析师评选计算机行业第一名，2016—2020 年获得水晶球奖行业分析师计算机行业第一名，2019—2020 年被评为金牛奖最具价值首席分析师，2020 年被评为水晶球金牌领队。

他对新兴科技和新兴产业的预判敏锐且准确，并从科技产业发展趋势出发创建了系统的研究框架。率先提出从国家意志与科技发展趋势两个维度来对新兴科技产业进行综合分析研究，在互联网、云计算、人工智能等重要领域取得了一系列的研究成果，成为资本市场最早预判与深度研究人工智能深刻变局的分析师之一。

吕　伟

安信证券计算机行业首席分析师

毕业于北京大学并获得理学硕士学位，于 2014 年加入安信证券研究中心，2014—2020 年连续七年获得新财富最佳分析师计算机行业第一名，同时获得水晶球奖行业分析师计算机行业第一名、第一财经最佳分析师评选人工智能行业第一名，并获东方财富中国最佳分析师等荣誉。他专注于计算机行业人工智能、云基础设施和国产化等领域投资研究工作。

冯福章

安信证券军工行业首席分析师

北京科技大学工学博士，曾从事机械设计工作，2007 年进入证券行业，在中信建投证券从事机械、军工行业研究，历任行业研究员、行业首席、装备制造组组长。2017 年加盟安信证券，任安信证券研究中心副总经理、制造组组长、军工行业首席分析师，2014—2020 年连续七年获得新财富最佳分析师评选军工行业第一名。

❖ *中国资本市场的黄金时代已经开始了。从过去几年的基金收益率可以看出，公募基金的专业投资能力以及现在资本市场的整个制度配套，都将催生这样一个牛市。*

❖ *未来中国的资本市场，资金会流向最具发展潜力的企业，帮助它们更快、更好地成长。*

❖ *一个有效的退市机制正在逐步形成，这既能保证优秀的公司获得持续的资金供应，又能逐步淘汰掉一些不好的公司，这才是一个健康的市场应该具备的特征。*

❖ *从 2019 年中美科技战开始到现在，国产化已经成为国家战略，政府也发布了关于强力推动国产化的政策，这是未来 3～5 年大家非常看好的方向。*

❖ *机构选择的绝大多数是绩优股，也就是优质的龙头公司，这些公司长期前景好，确定性高、潜力大，即使短期有一些波动，也不会出现大的风险。*

❖ *2020 年年底的时候，中国经济超乎寻常地快速复苏，诞生了顺周期的新板块，这本身跟中国经济的整个发展轨迹非常吻合。顺周期是比较好的投资方向，这是基于现在的经济走向判断的。*

❖ *2021 年，投资者要聚焦 5 个核心赛道： 一是进入高景气周期的军工，二是渗透率加速提升的新能源车，三是进入持续景气期*

的光伏，四是基本面复苏确定的白酒赛道，五是优质长跑赛道——医疗服务 +CXO。

牛市在途

张　琳：2021 年春节一过我们就迎来了牛年，牛在中国有很好的寓意，牛年会不会迎来牛市，或者说牛市是不是已经在途了？

胡又文：牛市在途，这个总结比较准确，至少我们是这么判断的，中国资本市场的黄金时代已经开始了。从过去几年的基金收益率可以看出，公募基金的专业投资能力以及现在资本市场的整个制度配套，都催生这样一个牛市。2019 年、2020 年已经开始了，但一个真正的牛市应该是比较漫长的，我们期望能够像美国一样有一个长期的牛市，现在应该算是刚开始。

吕　伟：从科技，即 TMT 的角度来看，基本上每 12 年左右就会有一个新的计算平台出来。历史上计算平台已经经过了 4 次更迭：从 IBM 大机到台式机，到 PC 互联网，再到上一轮的移动互联网。从 2010 年移动互联网这一波浪潮开始，现在全球市值最大的科技公司，包括国内最大的几个互联网公司，都是依靠这个计算平台发展起来的。这一轮从移动互联网转向智能物联网的计算平台刚刚露出雏形，未来将围绕着新的计算平台更迭，但无论是终端，还是上层应用，目前都处于孕育期，按 5～10 年的周期来看，现在肯定是黄金十年的开始。

冯福章：军工基本面增速将是过去十几年没有过的，在之前更长时间里也是没有过的，处于比较好的景气周期。在估值并没有冲太高的情况下，理论上每年都会是正收益，哪怕只赚业绩增长的钱，也是可以的。我觉得军工在未来至少两三年时间里，会是市场里非常好的赛道、非常好的方向。

把握科技强国战略时期的投资机会

张　琳：我们的发展目标之一是要成为科技强国，安信研报提出科技强国战略时期就是资本市场的黄金时代，普通投资者如何把握这样一个时代的投资机会？

胡又文：我们所说的科技强国战略时期，2020 年 10 月国家已经定调了。从资本市场来说，正是由于推出了科创板，才为这些优秀企业或者急切需要融资、需要大力发展的企业提供了非常好的机遇，同时它们突出的表现，包括它们给投资者带来的丰厚回报，反过来又促进了资本市场形成良好的赚钱效应。

吕　伟：把握科技强国的投资机会其实就是把握科技领域的投资机会，主要有两方面。一是投资者要看清科技产业发展轨迹，把握科技产业的发展趋势。比如科技前沿的信息产业在 3G 时代，从 3G 建设到苹果手机的出现，扩大了手机的应用空间，从而快速进入到 4G 时代。4G 推动了移动互联网的发展，移动互联网平台发展起来后，又催生了手机游戏、出行应用、生活服务等一系列新的平台应用。现在又进入到5G建设阶段，即将迎来各种5G终端。5G终端不仅仅局限于手机，会出来很多像智能汽车一样的新终端，会有很多诸如自动驾驶、智能驾驶舱以及其他新应用诞生，汽车"iPhone化"的过程中，必然会涌现出巨大的投资机会。

二是科技产业蕴含了国家意志，国产替代、国产化需要我们坚持不懈地努力。目前计算机在核心操作系统、芯片等领域都有非常大的国产替代空间。从国产替代的角度来看，我们可以去发掘最迫切的，也是目前最有能力替换的领域，并从中找到一些机会。

张　琳：科技是投资者非常偏爱的领域，但在2020年，为什么TMT板块似乎表现得不是特别理想？

胡又文：2020年TMT板块的表现，准确地讲是前高后低。年初，整个TMT引领市场走出了一波牛市，到了4月份的时候，达到了比较高的位置，之后开始掉头向下。市场一开始对TMT板块的预期受疫情影响较小，但实际上疫情的影响是远超市场预期的，市场逐渐认识到TMT板块的业绩受到了很大的影响。

另外一个比较重要的原因是，2019年美国将华为列入"实体清单"，整个市场对中国科技发展的预期出现了180度的大转弯。华为作为中国科技产业的扛旗者，引领着中国科技产业的发展，现在它受到了很大打击，让投资者对科技产业发展进程产生了怀疑。

张　琳：2021 年，特别是二三季度，会不会有更大的后劲爆发呢？

吕　伟：主要从两个方面考虑，自华为遭受美国打压以来，整个科技市场，尤其是自主可控这一块，整体调整幅度比较大。华为禁令导致市场担心未来我国其他底层芯片的制造是不是也会被“卡脖子”。最近大家看到，华为已经公开在讲，要向下扎到根，它已经开始往半导体制造方面做国产化探索，我相信 2021 年华为在强力整合全球资源、顶尖人才的情况下，会取得突破。

第二从科技国产替代本身的业绩上来说，去年的三季报，我们已经能够看到，一些国产替代的典型公司，包括上游半导体设备的一些公司，已经出现了业绩好、景气度高的苗头。一般来说年底是国产化采购的高峰，第四季度会有比较明显的增量。2020 年上半年因受疫情影响，很多企业基本上没开工，2021 年一二季度开始，科技公司至少会从业绩层面给大家非常好的提振。所以 2021 年与科技相关的企业，其业绩是值得期待的。

张　琳：请胡总来分析一下，咱们研报中提到了智能化、云化和国产化，这三个中哪个是最明确的投资方向？

胡又文：其实我觉得这三个所处的阶段不一样，从确定性的角度讲，毫无疑问是云化。美国有亚马逊，中国有阿里云，美国有微软，中国很多 SaaS 公司，中国的这些公司过去几年的发展都很好。从 2018 年开始，云化是整个计算机乃至 TMT 板块比较耀眼的一条主线，美国现在还处于云化进程当中，大量的新生代明星公司不断地上市，而且表现非常突出。中国比它晚 5 年左右，现在还处于发展的前期或者接近中期，确定性非常高。

至于智能化和国产化，中国在这两个领域很有特色，至少在智能化领域，中国的技术并不弱于美国，甚至有弯道超车的机会。中美贸易战的实质是科技战，在华为事件和中美贸易战打响之后，国产化的重要性日益凸显，从 2019 年到现在，整个国产化进程才刚刚开始。

张　琳：你曾在一次演讲中提到，未来 3～5 年是新一轮科技的大周期，这个周期有三个特征，涉及国家意志和科技创新。在现在的大背景下，2021 年的表现是不是会持续强化你的观点？

胡又文：是的。从 2019 年美国疯狂打压华为到现在，我们清楚地看到，国产化自主可控已经成为国家战略，政府也发表了关于强力推动国产化的政策，这是未来 3～5 年大家非常看好的方向。整个计算机乃至 TMT，无论是半导体还是硬件、软件、上层应用，中国的发展空间非常大。我们大概估算了一下，从 1998 年到 2018 年这 20 年间，美国几家非常有代表性的公司，比如甲骨文、微软、EMC 等 IT 巨头，在中国的收入大概是 2 万亿人民币，这还不包括很多其他我们耳熟能详的名字，比如英特尔、惠普等，这足以证明国产化替代的空间是非常大的。

从 2019 年到今天，半导体仍然是整个电子板块、TMT 板块耀眼的主线，市场已经开始沿着更换整个数字底座在布局。什么是数字底座？我们平时使用的手机、电脑等是我们真实接触到的界面终端，终端下面还有大量的基础设施，我们叫作数字底座，它包括最底层的芯片，这也是难度最大的，涉及的环节非常多，还包括半导体的设计和制造等；往上一层，就是操作系统、数据库、中间件等；再往上一层，包括日常的办公软件、杀毒软件、用来建模的软件等，是一套非常完整、非常复杂的体系。

军工股爆发的背后逻辑

张　琳：冯福章被大家称为“军工皇帝”，你的军工报告是业内首选。2021 年军工加速爆发，超过了过去 5 年的表现，你认为背后的逻辑是什么？

冯福章：我们军工行业首先基本面是非常好的，其实不仅仅是过去 5 年，在我们从当军工分析师到现在的十几年时间里，一直保持着这么好的基本面预期。我觉得军工的增速在未来两年应该会呈现加速态势。2019 年，军工行业当时有 160 多家公司，我们梳理了一下上市公司的数据，得出来的结论是行业净利润增速接近 13%，2020 年军工全年的行业增速在 30% 左右，2021 年、2022 年，增速还会加快，我们预测接近 40%。

增速加快的原因是下游的订单交付量大增，大多集中体现在 2021 年和 2022 年的利润表里。2020 年因为基数原因，增速比较快，尤其是上游环节，比如元器件、新材料方面的几家公司，其利润在 2020 年第三季度已经体现出来，单季度增长超过 100%。下游的增速也在提高，会推动行业总体净利润往上走。

张　琳：但是短期涨幅比较大之后，有一些投资者会选择波段性操作，所以军工股的波动性会不会很大？短期内行情会不会见顶？

冯福章：军工板块如果短期适当回调会更为健康，但行情还没有见顶。我的判断主要基于以下几个因素：行业基本面向好，中长期向好，订单有大幅度增长的前景，很多公司的子行业增长速度非常快。如果2021年一季报数据良好，未来中报又兑现了预期，还会吸引资金聚焦到军工上来。从估值角度来看，军工以前的估值偏高，经过过去几年的调整以及业绩增长之后，估值得到了有效消化。对大多数军工行业的上市公司而言，从2021年动态估值来看，PE处于一个合理但略微偏高的位置，但是如果从PEG估值来看，考虑到增速过滤之后，大部分公司的PEG在1.5以下，这就显得比较健康了。

需要注意的是，由于去年以来行情比较看好，军工股的波动性会比较大，波动回撤幅度也会相对比较大一点。在高点的时候，尤其是市场火热的时候，适当做一些波段增强收益，也是可以的。军工的波动性比较大，在行业里面经常是首屈一指，普通投资者不要盲目追高，否则波动一来，做反了可能损失会比较大。

张　琳：如果给大家做一个梳理，军工股的投资主线是什么？风险点又在哪？

冯福章：军工股的投资主线分两个大方向和四个小方向。两个大方向，一个侧重增长比较快的上游，一个侧重放量的下游。四个小方向，上游里面选择的是军工信息化和军工新材料，下游选航空特种装备和航空装备。

信息化方向是军工里各个子行业增速最快的，因其受益于国产化替代，受益于行业更新换代速度比较快，所以增长点比较多。按照十九大报告的要求，未来15年是我军现代化建设的关键时期，而信息化是重中之重，信息化元器件、子系统、芯片、北斗导航迎来了很大的发展空间。

对于新材料来说，不管是金属材料还是非金属材料，都是军工的上游，体现出早周期特征。下游接到订单之后，会率先向上游采购，体现出来的就是高温合金、高强钢、钛合金、碳纤维这些材料增速比较快。下游集中在放量的军机领域，就是军用飞机，比如战斗机和航天特种装备这个方向。

军工股的风险点主要集中在以下几个方面：

第一是产能能否跟得上。现在行业需求比较旺盛，尤其是一些子系统，如果出现交付不足，可能会影响整机的交付，或者影响到产业链业绩的兑现。

第二个就是估值。大多数军工企业的估值处在合理略微偏高的水平，目前还没有出现泡沫化。如果今后涨得过快，大家觉得估值偏高了，这将会带来比较大的波动。

第三个是短期风险点。从交易角度来看，军工股的投资者杠杆率相对较高。数据显示，就行业的融资融券当中的融资余额与这个板块流通市值的比例而言，军工是所有A股28个行业里最高的，所以一旦市场有任何风吹草动，去杠杆的压力会比较大。

机构抱团的市场演绎

张　琳：最近市场不断创新高，但赚钱效应却呈现两极分化，有人说这是“股灾式牛市、普跌式上涨”，这是 A 股结构性分化的必然结果吗？

胡又文： 无论是沪市还是深市，个股分化的确非常大，经常出现几百家上涨、三千家下跌的状况，但这就是一个结构性的牛市。

市场出现这样的分化，跟注册制改革、科创板的推出密不可分，表明注册制的作用开始显现。未来中国资本市场，资金会流向最有潜力、最具发展空间的企业，帮助它们更快、更好地成长。一个有效的退市机制也会逐步形成，既能保证优秀的公司获得持续的资金供应，又能逐步淘汰掉一些不好的公司，这才是一个健康的市场应该具备的特征。很多国家的资本市场都是这么走过来的，这样的市场走向非常有利于中国经济长期的发展。

吕　伟： 从计算机行业来看，市值比较大的公司表现比较强，小公司相对比较难，相对来说，小市值的公司能够逆风变成大公司的概率没有以前那么大了，不会像过去从 0 到 1 那么轻松。从整个基本面来看，行业里一些估值相对比较低又处于全球领先地位的公司，它们的流动性更好，所以更受市场青睐。

张　琳：所以现在 A 股市场又出现了一波机构“抱团取暖”的行情，抱团现象会持续下去吗？还是随时可能面临瓦解和崩塌？

胡又文： 现在所谓抱团现象，一方面反映出注册制的影响正在显现，优质公司获得的青睐越来越多；另一方面，这个现象加速了中小市值公司见底出新的过程，后面的上涨幅度和表现可能也会超乎寻常。

我觉得机构抱团现象在计算机、军工和白酒板块都是很明显的，这些都是比较有代表性的或者比较热门的一些板块。机构选择的绝大多数是绩优股，也就是优质的龙头公司，这些公司长期前景好，确定性、潜力都非常大，即使短期有一些波动，也不会出现大的风险。当然，随着第一季度季报业绩的披露，以及今年很多不确定事件的出现，能否证明自己是这个行业里面真正的龙头，还有待考证。如果一个公司无法证明自己是龙头，加上之前的股票已经有了比较大的涨幅，这类股票的风险可能比较大，所以对这些公司还是要分开来看。

冯福章：现在，除了公募基金之外，游资和个人投资者也是比较看中军工的投资机会。假设抱团瓦解成立的话，一旦出现松动，可能对估值偏高的公司杀伤力会更大一些。军工里面整机厂的估值偏高，抱团现象比较明显，压力就会相对大一些。除此之外，一些短期的事件性因素，比如公司获得订单的多少，可能也会影响股票的走势。总之如果调整幅度大，对于军工而言是比较好的机会，因为就像我刚才讲的，军工行业增速较快，基本面有支撑，除了个别公司以外，大部分公司没有出现估值泡沫。

守住五个核心赛道

张　琳：有人说，2020年市场经历了从成长到消费，到金融，再到周期的一个轮动，当下市场是不是又重新面临着一个轮动行情?

胡又文：观察变量是最重要的，我们前面反复提到的以中美关系为代表的国际局势走向，以及中国经济的复苏程度是最大的变量。从成长到消费，到周期，本身也是去年中国经济的缩影。疫情刚暴发的时候，大家都很悲观，后来大家发现“宅经济”——就是云经济、在线办公等，包括现在正在进行的直播，都是从那个时候迅速发展起来的。我们国家率先从疫情中走出来，消费快速复苏，免税板块很明显地体现了出来。2020年年底的时候，中国经济超乎寻常的快速复苏，诞生了顺周期这一新板块，这本身跟中国经济的整个发展轨迹非常吻合。站在今天这个时间点上，大家都认为经济复苏将马上进入快车道，顺周期是比较好的投资方向，这是基于现在的经济走向判断的。轮动行情是市场最普遍的表现，既跟宏观经济相关，又跟市场情绪相关。

张　琳：在安信的策略报告里，你们提出了要守住几个核心赛道，是不是意味着这几个核心赛道的机会更确定?

胡又文：根据我们策略团队的判断，2021年投资者要聚焦以下5个核心赛道：

第一，进入高景气周期的军工赛道。

我们预计，当前的经济情况、军工周期和订单水平决定了2021年行业增长加快，整体增长30%左右，2021年可能突破过去5年的规模，呈现加速增长格局。2020年国防预算增速预计为6.6%，持续的资金投入是军工行业增长的首要关键因素。此外，军工体制改革也会提升企业的经营效率。军工赛道可以重点关注航空、导弹、信息化和新材料。

第二，渗透率加速提升的新能源车赛道。

受益于政策支持，2025年新能源车的渗透率将达到20%，2019年仅为5%，也就是说还有4倍的增长空间。另外，补贴政策延长到2022年，扶持导向呈现扶优扶强的趋势，会促使行业进一步市场化发展。再有市场行业热点不断，特斯拉降价、造车新势力崛起，加上电动化、智能化浪潮不断涌起，都将进一步推动新能源车的发展。

第三，进入持续景气期的光伏赛道。

根据IRENA（国际可再生能源机构）《2019年可再生能源发电成本》报告，2010年—2019年，光伏发电成本大幅下降了82%，下降幅度远高于其他可再生能源发电技术。IRENA预计2020年—2021年，全球光伏发电成本将继续降低，光伏发电将逐步实现全面平价。

中国光伏行业协会年度大会数据显示，受疫情影响，2020年全球发电需求有所收缩，但可再生能源在发电中的占比反而提升到27%。预计到2025年，可再生能源在新增发电装机中占比将达到95%，而光伏在所有可再生能源新增发电装机中的占比将达到60%，预计“十四五”期间，国内光伏年均新增发电装机量会得到大幅提升。

第四，基本面确定复苏的白酒赛道。

白酒赛道壁垒高，格局稳定。白酒消费逐步向优势品牌、优势企业、优势产区集中，以品质为核心支撑的品牌时代来临。疫情过后，可选消费复苏，高端提价预期，次高端跟随，次高端消费场景恢复。整个白酒行业需求稳定，消费升级可观察、可验证，偏刚性。

第五，医疗服务 +CXO（药物研究及生产外包）的优质长跑赛道。

中国医疗服务资源供不应求，缺口明显，增长空间大，而伴随着老龄化趋势和人们健康意识的崛起，大家的消费能力和消费意愿也在同步提升。CXO 方面，有政策加持，新药审批加速，同时国际化程度推进领先，形成了板块效应，中国的在研新药数量增速明显高于全球，整体新药研发处于高景气阶段。

主持人手记

从 2019 年起，一直深耕计算机行业研究分析的胡又文就判断，中国要迎来 10 年的科技股行情。进入 2021 年，他再次预测，整个 TMT 板块和科技产业，都将迎来一个大时代或者新周期，而这也是科技强国战略所带来的机遇期。如今我们频频听到“卡脖子”这个词，解决“卡脖子”的技术问题，是中美科技角逐下我们必须要正视的，但这只是外部因素，中国科技产业发展的大周期才是我们应该关注的内生动力。2020年10月，党的十九届五中全会发布了“十四五”规划及2035年远景目标，再一次明确要强化国家战略科技力量，建设科技强国。所以从投资的角度来看，今天科技的外延越来越广，它在赋能各个产业，赛道可以说非常明确，就看投资者是否有足够的信心和耐心了。

PART 6

人民币资产仍“春意盎然”

张　琳 vs

平安证券首席经济学家 研究所所长	钟正生
平安证券研究所医药行业首席分析师 大消费研究团队执行总经理	叶　寅
平安证券通信行业首席分析师	朱　琨

平安证券
PINGAN SECURITIES

中国平安保险（集团）股份有限公司旗下的重要成员，前身为1991年8月创立的平安保险证券业务部，目前拥有平安财智投资管理有限公司、平安期货有限公司、中国平安证券（香港）有限公司、平安磐海资本有限责任公司等四家子公司。截至2019年12月31日，平安证券注册资本为138亿元，净资产316.4亿元，总资产1389.9亿元。平安证券以先进的金融科技为基础，依托行业领先的互联网平台和高效的线下业务网络，凭借资产获取和产品制造方面的强大实力，为客户提供包括互联网财富管理、企业与机构证券服务以及投资管理的全方位金融产品及服务，打造平安综合金融战略下智能化证券服务平台。

钟正生

平安证券首席经济学家、研究所所长

原莫尼塔研究董事长兼首席经济学家，财新智库原董事总经理，上海市发改委特聘专家，中国财政学会理事，中国发展研究基金会博智宏观论坛学术委员会委员，财新网、FT中文网等专栏作家。2007年于中国人民大学经济学院获得博士学位，师从杨瑞龙教授。曾就职于中国人民银行，从事宏观经济和货币政策研究。他曾在《经济研究》《金融研究》《世界经济》等权威期刊发表多篇学术论文。

叶　寅

平安证券研究所医药行业首席分析师、
大消费研究团队执行总经理

南京大学生物学硕士，拥有 10 年医药行业研究经验，先后就职于华泰证券、安信证券、平安证券。对医药行业有深入理解，善于从基本面的变化中发掘投资机会。他曾带领团队获得 2016、2017 年“卖方分析师水晶球奖”医药行业第三名，2019 年 Wind“金牌分析师”医药行业第四名。

朱　琨

平安证券通信行业首席分析师

毕业于上海交通大学，在加入平安证券之前，曾任职中国通信服务上海公司。他拥有 8 年的 ICT 行业咨询研究经验，对于通信网络技术和发展趋势有深入的了解。他服务的客户主要有三大运营商和行业主管部门，他负责的项目曾获得优秀工程咨询成果奖。在 2019 年和 2020 年，他带领的团队被评为金牛奖最佳行业分析团队。

❖ *中国最了不起的地方就是在2020年，在新冠肺炎疫情冲击的当年，我们的经济实现了“V”形反弹。*

❖ *2021年一定是全球共振复苏的一年，经济体基本会实现“V”形复苏。我们预测2021年中国经济的实际增长率是9%，放到全球来看，依然会是一枝独秀。*

❖ *在中美两个市场分别下注，就是一个最好的均衡配置思路。*

❖ *货币政策没有那么神秘，特别是现在我们的央行跟资本市场的双向沟通比之前更加频繁和有效，市场的波动和健康发展，也是央行实施货币政策会考虑的一点。所以我们对货币政策的正常化要抱一个平常心来看待。*

❖ *汇率就像一个醉汉一样，随机游走，究竟走往哪个方向很难预测。但是如果你看好中国经济，看好人民币资产的话，是不会看空人民币汇率的。*

❖ *“结构性分化”可能就是2021年的关键词。从长期来看，A股市场的结构性分化将会长期存在。*

❖ *目前整个A股，不管估值体系还是标的选择，都在与国际接轨。*

❖ *如果这些公司的业绩不断地突破市场预期，那么未来就有很好的成长空间，估值就会更高，所以不要因为估值高就不敢买，这*

就是“高估值假象”。

❖ *看美股就清楚，科技、医药、消费，未来这三个行业一定是市场追逐的热点。*

中国经济依然会是一枝独秀

张　琳：2021 年包括 A 股在内的全球市场都出现了开门红，除美元之外，很多资产价格也开启了疯狂飙涨的模式，为什么会如此同步？

钟正生：最近大家会觉得很不可思议。我们看到美国国会受到示威游行冲击，美股却“不理不睬”，而且在疫苗研制成功的消息传出之后，创下了最大单周涨幅，这都是“再通胀交易”的逻辑。未来大家会期待美国有更好的财政刺激政策，未来美国经济复苏的速度会更快，再加上美联储流动性支持的力度非常大，所以整个风险偏好其实是挺高的。

A 股其实也有这样的状况。2020 年在新冠肺炎疫情冲击之下，中国经济一枝独秀。现在整个经济修复进程仍然在延续，从环比上都没有看到太多减弱迹象。所以大家可以想象未来企业盈利的增长，包括背后支撑的新一轮库存周期的启动。还有一个重要变化：每年大家都会对开年有一个美好的愿景，今年又是具有特殊性的一年，既是“十四五”规划的第一年，又是建党一百周年，这些其实都给大家一个很好的憧憬。还有一个很重要的细节不得不提，就是中央经济工作会议之后，当时市场很担心货币政策、宏观政策的正常化走得太快。中央经济工作会议上说“不急转弯”，近期央行在跨年的时候流动性的投放也比较充裕，市场就吃了颗定心丸，从宏观流动性落实到市场流动性都还可以。这些方方面面，再加上那么顽强的美股多少有些映射作用，所以感觉全球股市共同火爆。

张　琳：2021 年，中国经济是否仍然能维持这样一枝独秀的局面？人民币资产的“春意盎然”具体会怎么体现？

钟正生：套用一句话叫“大灾之后必有大反弹”，历次的自然灾害发生后一定是这样。但中国最了不起的地方就是在 2020 年，在新冠肺炎疫情冲击的当年，我们的经济实现了“V”形反弹。所以 2021 年一定是全球共振复苏的一年，经济体基本会实现“V”形复苏。但有一个很重要的不确定因素是：疫苗大规模接种之前会不会出现新冠病毒的变异？但即便这样，全球共振复苏的态势是没有问题的。我们预测 2021 年中国经济的实际增长率是 9%，放到全球来看，依然会是一枝独秀。

为什么说人民币资产“春意盎然”呢？一是人民币资产相对收益非常高。为什么这么说？现在全球名义负利率的债券大概是 18 万亿美元，如果你持有这些债券，你的到期收益就是负的。现在美国 10 年期国债收益率刚刚过 1%，中国 10 年期国债在 3% 左右，这么大的相对收益差，不配人民币资产配什么？二是中国的金融开放一直在逆势推进，外资配置人民币资产的意愿和空间都在增加。虽然最近中国公司从华尔街摘牌退市的新闻很多，但在美国上市的中国企业的数量，以及外资配置中国股票债券的规模都是非常可观的。北上资金刚刚过去的这一周的净流入规模也是非常可观的。所以大家都看好人民币资产的长期前景。

从全球来看，美国和中国分别是全球第一大经济体和第二大经济体。所以这个时候，在中美两个市场分别下注，就是一个最好的均衡配置思路。从这个角度来说，包括中国股票在内的人民币资产在全球资产配置里面的比例还是太低，未来还有很大的提升空间。

虽然最近北京气温低到零下 17 摄氏度，但是人民币资产一定会“春意盎然”。

张　琳：目前的疫情会不会进一步影响现在的良好局面？去年供应链、产业链受阻对经济产生了很大的影响。现在这种情况，供应链、产业链会不会再次受阻？面对这种局面，中国经济的韧性或者说我们可以腾挪的空间还有哪些？

钟正生：我给大家一点儿正能量。2020 年全球在疫情控制上是错位的，中国率先复工复产，海外偏慢，所以我们的出口是超预期表现的。如果继续错位的话，会有利于中国制造业全球市场占有率的稳定，有利于出口部门。

再补充两点：一个是中国现在有大规模检测的能力和有效的应对办法。现在大家对于疫情的态度，已经从之前的恐慌变成了以一颗平常心去对待，也就是相信政府的措施不会让整个供应链受阻，更不会让中国经济陷入大面积停滞状态。另外一个就是疫苗的消息不断出来，大规模的接种也马上开始，现在只不过是在和时间赛跑而已。

货币政策调整并不神秘

张　琳：2021 年流动性边际会不会有收紧的预期？你们对货币政策有什么预判？

钟正生：在中央经济工作会议之前，大家对货币政策正常化的预期太高，就是担心会收紧，但中央经济工作会议已经表明货币政策“不急转弯”。货币政策正常化到底该怎么理解？其实就是从疫情冲击之下的非常时期的宽松政策转到后疫情阶段的常态时期政策。常态时期货币政策的调整应该就是，当经济偏热的时候，货币政策紧一点，当经济偏冷的时候，货币政策松一点，是一个灵活适度、相机调整的概念。

此外，货币政策的一个重要目标是维持货币市场流动性的合理充裕，继续降低实体经济的融资成本。今年其实是企业还本付息的高峰，也是国企债务到期的高峰，所以这个时候货币政策要相对调适，至少利率水平不要上升太快，甚至可以期待利率水平择机调低。

另外对股市来说，宏观流动性只是其中一个影响因素，大量外资的进入其实也是一个重要的流动性来源，有时跟我们的货币政策还不完全相关。

货币政策没有那么神秘，特别是现在我们的央行跟资本市场的双向沟通比之前更加频繁和有效，市场的波动和健康发展，也是央行实施货币政策会考虑的一点。所以我们对货币政策的正常化要抱一个平常心来看待。

张　琳：最近人民币汇率升高趋势越来越明显，越来越快。对2021年人民币汇率的变化，会有什么判断？它和资本市场之间又会是怎样的一种关系？

钟正生：如果细分来讲，这里面有两个不同的逻辑。一种逻辑是，如果大家都愿意进A股，买中国债券，更多的增量资金进来，肯定会有助于人民币汇率升高。另一种逻辑也是海外投资者关注的一个问题，就是如果人民币汇率持续单边升高，会不会哪一天突然暴跌。所以，这个时候人民币汇率适度地波动、调整，反而更加有利于外资配置人民币资产，因为常态化的波动会释放短期的失衡压力。

2020年至今，人民币汇率持续升高，是太多因素共振的结果，比如中国经济一枝独秀，人民币资产相对收益如此之高，中国国际收支顺差如此之高，美元指数如此疲弱，再加上市场一度认为中美经贸关系会缓和等。2021年，所有这些因素即便不会同时消失，但也很难同时共振。我自己判断，2021年人民币汇率波动将会是一个常态，波动程度会加大，在做资产配置的时候，要注意波动风险。

其实汇率很难预测，汇率就像一个醉汉一样，随机游走，究竟走往哪个方向很难预测。但是如果你看好中国经济，看好人民币资产的话，是不会看空人民币汇率的。这个大的逻辑是没有问题的。

A股结构性分化将长期存在

张　琳：2020年开年以来，指数六连阳，但下跌的个股却占到了七成。如果看个股涨幅的话，只有100多家上涨了5%，近1000家跌了5%。这么好的市场，为什么赚不到钱？

钟正生：机构抱团导致个股回调幅度比较大是主要原因。整体看，市场的结构性分化是非常明显的，“结构性分化”可能就是2021年的关键词。不仅仅是A股，美股也是这样。如果剔除几个市值排名靠前的科技企业之后，美股就是另外一番景象了，跟A股的结构性分化比较类似。

市场在不断地调整，投资者预期也在不断地调整。比如有人选高估值的，也有人选低估值的，有人选择成长股，也有人选择价值股。在极度分化的市场里，除非宏观层面的因素有变化，大家一般不太会改变自己的投资风格。打个比方，现在市场里，谁也说服不了谁，我觉得高估值的会继续涨，你觉得低估值的涨不动。这种结构性分化还会持续加剧，这在美股市场演绎得更加极致。

张　琳：我们再看一些数据：A股市场市值1000亿元以上的股票有141只，2021年前三天涨幅达到4.67%，最近60天，涨幅是22.8%；反观20亿元以下的个股有380只，同期跌幅分别是-3.1%和-16.76%。A股抱团投资的现象，是好还是坏？

叶　寅：我们的感受特别深，比如医药行业，现在A股有300多只个股，但是对基金投资者来讲，在他们关注范围之内的不超过

50只，真正重点配置的就更少了，大概只有十几只白马股。

2017年以来，公募基金收益率比私募基金高，就跟它们抱团有一定关系。像恒瑞医药、爱尔眼科等早就突破了过去的估值中枢，涨到150倍和250倍。这样的估值都脱离“地心引力”了，是不是合理，没人说得清。公募基金的发行规模也是节节上升。过去医药行业很多资深的基金经理，管理的基金规模也就是几亿元或者十几亿元，但是最近一两年，基金经理可能不需要多么资深，甚至一个普通研究员干个三五年就能升为基金经理，募集规模动辄两三百亿元。

这带来的问题是什么呢？这么大体量的产品肯定要更注重流动性，而市值100亿元以内的小股票是很难买上量的，对基金净值的贡献很小，所以大家只能去配置大市值的标的。一些差异化的小票，即使他们也觉得很便宜，估值很好，成长性不错，但不一定能下得去手。因为这些小票的短期收益很难跑赢市场和同行，整体排名就可能比较低。这在一定程度上造成投资决策是违心的，只能被动抱团。

朱　琨：我的观点和叶总不太一样。我主要看通信以及与TMT比较相关的。过去几年中，美股中像亚马逊、谷歌的股票，从2016年起涨到现在翻了两三倍。从PE来说，没有办法评估。为什么？美国市场的主体是机构投资者，他们在持有股票的时候，一定会考虑这个标的的流动性，而影响流动性的最主要因素其实就是市值。市值足够大的话好交易，即使出现不好的情况，也可以及时卖空。此外，这些标的都是龙头，无论从现金流还是行业地位来看都是不错的，特别是亚马逊的现金流非常好。国外的机构投资者通常用DCF估值模型来评估一个企业的价值，因为只有现金流才能真正反映一个企业的经营能力。

目前整个A股，不管估值体系还是标的选择，都在与国际接轨。近年来，这些抱团标的其实都是各个行业里的龙头。以爱尔眼科为例，虽然它现在的估值比较高，但是把它放到10年（机构投资者持仓时间一般是5年或者10年）的维度来看并不高。因为它是龙头，有很好的业绩确定性，还有未来的增长空间，大家就愿意给它估值溢价，并且是一个流动溢价。

从长期来看，A股市场的结构性分化将会长期存在。低市值、成长性的标的也不是没有机会，只要有业绩，能不断地突破发展的天花板和瓶颈，市场一定会给它比较好的关注。

“低估值陷阱”与“高估值假象”

张　琳：为什么市场的风向现在看上去更像“只买贵的”？机构总是选择高估值的大股抱团，低估值的小票难道没有机会吗？

钟正生：有一个概念叫“低估值陷阱”。估值为什么这么低？因为这个企业本身没有什么发展潜力，专业的投资人一定不会因为它的估值低就一脚踩进去。你要考虑这个公司为什么估值低，是不是因为基本面的风险还没有完全暴露。不弄清楚这些问题，一脚踩进去，就很可能踩了一个雷，这就是“低估值陷阱”。当然，不排除有些非常优秀的企业可能因为整个板块的原因被系统性低估了。

还有一个是我自己概括的概念，叫“高估值假象”。为什么说是假象？有些人在衡量估值的时候，总是拿股价和企业的账面价值对比，得出一个高估值的结论。但很多科技企业拥有的无形资产越来越多，而基于现在的信息，很难去评估这些无形资产未来的想象力和成长空间。如果这些公司的业绩不断地突破市场预期，那么未来就有很好的成长空间，估值就会更高，所以不要因为估值高就不敢买，这就是“高估值假象”。

当然高估值也有被大浪淘沙淘汰掉的，所以结构性分化除了规模效应、流动性溢价之外，大家越来越关注赛道选择、个股选择，也就是更多回到价值投资的时代。这意味着我们要更加关注企业本身、企业在行业里面的位置、企业未来的成长空间等。以前一说投资要么是成长，要么是周期，现在区分没那么绝对了。

张　琳：又是“低估值陷阱”，又是“高估值假象”，现在的投资难度是不是更大了？在结构性分化趋势越来越明显，机构预期高度一致的情况下，未来的市场是机会更确定，还是风险会更大？

钟正生：整体上，今年机构对收益回报的预期都是偏低的。公募基金想重演过去两年非常高的平均收益或者中位收益，难度越来越高。就算正反馈可以延续，但是斜率可能会变化，未来市场可能就是这种态势。

叶　寅：我赞成钟总的观点，正反馈系统是不稳定的。我是学生物的，从人体生理学来说，人体内各种调节系统大多数是负反馈，这样人整个机体才能有一个稳定的环境。股票市场其实也一样，正反馈的情况肯定不会永远持续下去，短期内看不到转折点，但是斜率可能会下降。至于这个趋势到哪一天会终结，谁也说不清。我个人判断，当公募性质的增量资金不再入场的时候，才会有转向的可能。只要公募性质增量资金的入场速度仍然比较快，这个抱团趋势就还会延续。这时候买抱团的白马股，会有持续超额收益，当然也会有一些其他细分领域的好股票可能被错杀。

朱　琨：2021 年一季度以后，市场可能还会发生一些变化。如果有一些龙头业绩不达标，机构抱团现象就会出现松动。机构抱团松动以后会出现什么情况？这个市场一定是有效的，就是哪里便宜，资金便会去哪里。但是大的方向是流向估值便宜、业绩非常好的公司。我们观察了一下 TMT 板块，整个通信行业的估值在去年四季度的时候已经到了最低分位，这种状况完全是估值的系统性下挫带来的结果。这时候很多被错杀的标的，包括华为的相关产业链，一定会出现反弹，基本面都会对 PE（动态市盈率）和 EPS（每股盈余）有一些修复。

未来市场热点：科技、医药、消费

张　琳：在接下来的行情演绎当中，你们觉得抱团取暖的下一个方向会是什么？对于普通投资者来说，你们建议选什么样的

投资标的？

叶　寅：无论从感情上还是基本面研究上，我们都推荐自己的行业。医药肯定是未来中国重点发展的行业，而且是永远的朝阳行业。只要还没有实现长生不老的愿望，人类还没有被人工智能替代，对医药的需求便永远在。

但是医药行业受政策影响比较大。我刚入行的时候，大家有一个很朴素的逻辑：2011 年以后，人口老龄化利好医药行业。这个逻辑现在看来肯定是没错的，但是你会发现，前几年医药行业整体增速在 20%～30%，2013 年以后却断崖式跌到了 10%，现在维持在 10 个点左右。为什么人口老龄化并没有使医药行业快速增长呢？因为国家医保要面临支付和筹资两者平衡的问题。国家医保局成立的目标之一就是降低药品的价格和控制费用，让有限的资金兜住整个社会不断增长的用药量。毫无疑问，首先就要降低药品价格。最近几年，一系列降价控费的政策，比如带量采购推行下来。我们看到的结果是，药价的平均调降幅度都在 50% 以上，每一轮都能节省好几百亿元的医保基金。而国内生产传统老药的三四十家企业毫无议价能力，就要死掉一大批。

企业的议价能力一定来自创新，所以医药创新是未来投资者需重点关注的第一个主线。第二个主线就是，不跟医保局打交道的消费型医疗需求。

张　琳：消费是市场追捧的概念，你把消费嫁接到同样受关注的医药上，这里面的市场空间是不是就更有想象力了？

叶　寅：这就是强强联合，市场空间非常巨大。其实，传统医药本质上也是一种消费品，只不过是一种特殊消费品，带有一定的公益属性。从投资角度来说，这个属性很不好，因为药品降价的压力总是压在头上，所以规避医保将是很多投资者的重点考虑因素。另外一块是消费型医疗，比如口腔、眼科、医美等，属于自费项目。随着生活水平的提高，人们对健康、对美的重视程度越来越高。这块市场肯定会不断地增长，而且有自主定价权。

张　琳：医药行业中涉及口腔、医美等细分领域的好公司，现在股价已经不便宜了，还可以布局吗？

叶　寅：能不能布局，比较难回答，但是这个方向一定是被看好的。相比欧美日发达国家，就中国目前的发展水平和渗透率来讲，口腔、医美这些行业还处于非常低的水平，还处于一个起步期，未来的发展空间非常巨大。这里面的龙头企业未来还会享受到行业集中度提升带来的红利，资本市场会对龙头企业给予一定的估值溢价，这个肯定会提前有所反映。拿生殖技术来说，随着我们国家婚育年龄的推迟，不孕不育的发生率越来越高。这个市场非常大，但是目前还有很多限制，企业很难做全面的连锁扩张。如果未来政策有松动，资本运作能力、资源整合能力强的企业很有可能成为全国性龙头企业。

医美也是潮流。过去这个行业乱象比较多，比如各种不正当竞争、获客成本高、利润率不能得到很好体现等。未来随着行业越来越规范，诊疗项目也会越来越多，加上消费者主动消费意识的提升，这个市场一定会越来越大，也会倒逼需求的产生。

张　琳：医药板块已经说透了，来问问朱琨，你是不是会力推通信行业？

朱　琨：肯定是的。看美股就清楚，科技、医药、消费，未来这三个行业一定是市场追逐的热点。对于国家发展来说，科技这个大行业中最重要的几个，第一是5G，第二是半导体，第三是云计算。因为我本身是从通信行业出来的，我觉得5G确实是一个颠覆性的技术，它可以实现物联网和移动互联网的大一统。我们过去用的2G、3G、4G，解决了人与人之间的通信问题，但不能解决物联网问题，而5G可以。5G是一个长期发展的技术，虽然进程有所拉长，但是对行业来说是好事：我们的步子迈得慢一些，质量会更高一些，可以用更多的时间打磨产业链。

张　琳：2020年称得上是5G元年，现在推的速度比推4G时要快。但是目前大概也只有10%的人在用5G手机，5G工业化场景也还看不到，5G真正的爆发点会在什么时候？

朱　琨：我们觉得会比较慢一些。5G在一些垂直行业应用领域推广比较慢，因为每个行业有自己的特性，都是半定制化的系统，就需要花很多时间配置这些市场。当然我们现在也关注到，一级市场已经有不少标的出来了，包括云计算、工业互联网等企业的标的。这些企业只要慢慢做大，上市以后，A股市场就有了相应的投资标的，整个市场的投资热情肯定就会起来，这是一个方向。

张　琳：也就是说，投资者如果现在要选5G产业链标的的话，就需要更多的耐心？

朱　琨：对，可能需要的耐心更多一些。现在也可选择一些带有修复性预期的标的。比如将整个周期拉长来看，5G 基站总体会达到 600 万个左右，估计要花 6～7 年才能建成，业绩兑现期比较长，但值得长期跟踪。

另外，半导体一定是我们需要重点投资的方向。中国每年的半导体芯片消费额大概是 3000 多亿美金，占全球 1/4 到 1/3，这个市场实在是太大了。但消费的这些芯片中，大多数都不是国产的，特别是一些高端芯片，我们还没有能力生产。科创板推出以后，不断有半导体标的上市，有的估值在 100 倍，甚至 120 倍，当然也是良莠不齐，需要我们仔细去甄别，但是整体方向不错。整个半导体上游有设计，有制造，制造里有设备和材料，下游有一些封装。设备和材料方面可能是我们需要重点突破的方向，这一块在整个产业利润中的占比也特别高。

最后就是云计算这一块。人工智能技术的“底座”就是计算力的需求，这就来自云计算。现在的 CPU 技术架构已经出现了技术瓶颈，单个 CPU 算力已经接近极限，但是算力增长是指数级增长，需要很多服务器和很多数据中心做这个事情。亚马逊、谷歌、脸谱、微软这几年在服务器和数据中心这两个领域的支出不断增长，总体规模每年保持在 30% 左右，相当可观。在这些领域中，投资不断增长，业绩的持续性和确定性也很强。云计算领域好的标的，比如数据中心云计算用的服务器、模块、交换机等都是非常好的赛道。

主持人手记

当下的市场上，一边是“低估值陷阱”，一边是“高估值泡沫”，无论哪一种，都让投资者纠结不已。市场上出现越来越多再便宜也不能买的股票，它们可能是基本面持续恶化的公司，可能是被技术进步淘汰的公司，可能是处于景气周期顶点而注定下落的公司，可能是隐藏了欺诈造假行为的公司……一脚踏入，深似海。与此同时，抱团行情下，优质赛道越来越拥挤，龙头公司股票越来越贵，估值不断突破预期甚至常识，一步跟上，悔不停。今天我们发现，其实还有一个视角，叫作“高估值假象”，可能会让我们和最好的公司失之交臂。说到底，所有这些都是估值怎么衡量的问题，以及你如何辩证地看待这个问题。高估值股票中也有滥竽充数的水军，低估值股票中也有“丑小鸭变白天鹅”的机会，关键是你是否具备深邃的洞察力。

PART

7 拥抱中国资产崛起的大时代

张　琳 vs

招商证券研发中心负责人
招商证券电子行业首席分析师　张良勇

招商证券研究所首席策略分析师　张　夏

招商证券研究所食品饮料行业首席分析师　杨勇胜

招商证券成立于 1991 年，是招商局集团旗下的核心金融企业，也是目前国务院国资委体系内经营规模最大的综合型证券公司。公司传承百年招商局对时代、国家、民族的责任担当精神，稳健务实、改革创新的文化特质，以“励新图强，敦行致远”为核心价值观，形成了稳健进取的经营特色，是业内连续十三年获得 AA 评级的两家证券公司之一。

张良勇

招商证券研发中心负责人、招商证券电子行业首席分析师

上海交通大学工学学士，中南财经政法大学经济学硕士。他是深圳市地方级领军人才，现任招商证券研发中心负责人，曾担任招商证券电子行业首席分析师。在 2006—2012 年连续七年登上新财富最佳分析师评选榜单，其中 2007 年获得电子行业第一名。他倡导研究人员专注于基本面研究，并严谨、专业和规范地为客户提供有深度、有前瞻性的研究和服务，致力于打造有核心竞争力的招商研究品牌。

张　夏

招商证券研究所首席策略分析师

哈尔滨工业大学工学学士，中央财经大学国际金融专业硕士，拥有 10 年证券研究经验，自 2011 年起加入招商证券，从事金融产品、大类资产配置及投资策略研究。他曾被评为进门财经年度十佳分析师之一，获得《财经》研究今榜“最佳策略分析师”、新浪金麒麟“策略研究最佳分析师”（团队）、Wind“金牌分析师”等称号。

杨勇胜

招商证券研究所食品饮料行业首席分析师

武汉大学学士，厦门大学硕士，有西方经济学专业背景。他于 2011—2013 年就职于申万研究所，2014 年加入招商证券，拥有 8 年食品饮料行业研究经验，曾多年获得“新财富最佳分析师”称号。其带领的团队 2015—2017 年连续 3 年获得“新财富最佳分析师”食品饮料行业第一名，2018 年获得“卖方分析师水晶球奖”食品饮料行业第一名，2019—2020 年均获得“新财富最佳分析师”食品饮料行业第三名。

❖ *机构投资者通常有相似的决策框架、考核机制、信息渠道、行为模式等，他们的集中持股行为并不能用对错来衡量。因为从发现业绩增速最快的优秀公司、龙头公司，逐渐调整到集中持股，是机构投资者的必然选择。*

❖ *机构投资者以公司业绩、行业景气度、公司管理水平等作为重要考虑依据，最后不约而同做出选择，那就是持有优质的行业龙头股票，其实这反映了中国资本市场的日趋成熟。*

❖ *建议投资者关注 1 月 31 日这个日子，这是所有符合要求的公司披露业绩预告的日子。我们会发现，每隔三年，在这个日子之后，如果有新的产业趋势或业绩出来的话，大家就会选择新的方向。一个周期往往就是三年。*

❖ *从消费升级角度，无论是看产销量，还是价格提升空间，白酒都有确定的增长空间。*

❖ *很多细分领域伴随着餐饮相关产业链在发展，下一个茅台和海天就需要到这里面去挖掘。*

❖ *我们每个人都是消费者。当我们去超市、商场、街边的时候，如果有意识地仔细观察，就会发现那些消费现象背后很有意思的产业趋势。发现之后，我们再结合专业的行业分析和估值分析，就可以判断这个企业有没有投资价值。*

❖ *大家在判断一些板块和细分领域的时候，没有出业绩之前不要轻举妄动，等到业绩出来之后，能明确知道它的业绩趋势是什么样的，再做调整也来得及。*

❖ *这些背后都隐藏着同样一个逻辑：现在是真正用业绩说话的时代。*

机构抱团是中国资本市场成熟的表现

张　琳：机构抱团的话题现在非常火，有很多的讨论声，甚至还引发了很多争议。我记得应该是招商证券最早在2019年的一份报告中用到了“机构抱团”这个概念吧？

张　夏：2019年7月，我们写了一篇《招商证券：A股4次著名“抱团”事件启示录》，回顾了一下2006年以来的4次“抱团”。在不同阶段，机构选择的板块都不一样。2006—2009年，重仓的是银行、地产，在当时的背景之下是增速最高、成长性最好的行业；2009年之后，食品饮料行业崛起了，大家不约而同地选择拥抱食品饮料，拥抱消费；到了2012年、2013年，科技景气度向上走了，大家就去拥抱科技；2016年之后，大家发现新能源、军工有很好的增长趋势，又选择拥抱新能源和军工。

挖掘业绩增速快、长期空间比较大的领域，这是投资行为最根本的动机。机构投资者选股永远只盯一个东西——业绩。他们会基于基本面的投资框架和逻辑，选择当下业绩边际改善最明显、治理结构最好的一只股票。他们会着重考察四个方面：第一是短期业绩，第二是长期趋势，第三是产业趋势，第四是管理层。

我当时用“抱团”这个词，其实就是为了描述当时大家选择好业绩板块的行为，结果到现在，有人解读偏了。我认为现在机构投资者的行为确实有一致性，有偏离历史均值的情况，但只要公司管理层足够优秀，成长性足够好，股价还是会创新高。这最终给我们的启示是：我们始终要坚持做正面的研究，坚持做产业趋势的研究，这样才能得到正确的投资答案。

张良勇：“机构抱团”这个词容易引起歧义，我觉得用“集中持股”更准确，这是以公募基金公司为代表的机构投资者发展壮大之后的必然选择。

机构投资者通常有相似的决策框架、考核机制、信息渠道、行为模式等，他们的集中持股行为并不能用对错来衡量。因为从发现业绩增速最快的优秀公司、龙头公司，逐渐调整到集中持股，是机构投资者的必然选择。我们来看一组数据，A 股总市值中占比排名后 50% 的公司，交易量的占比只有 12.5%，而 5 年前这个数字的区间大概是 35%～40%。再看一下海外市场的数据，美日韩市场同类股票交易量占比大概只有 1%～4%，占比更低。所以机构投资者以公司业绩、行业景气度、公司管理水平等作为重要考虑依据，最后不约而同做出选择，那就是持有优质的行业龙头股票，其实这反映了中国资本市场的日趋成熟。

其次，过去这些年基金管理人的集中度也在提升，市场上出现了很多大型的基金产品，管理规模百亿元甚至数百亿元的基金经理不断出现。随着中国经济潜在增速趋稳，优秀领域的龙头公司往往会强者恒强，龙头溢价在新的经济环境之下会长期存在，优秀的头部公司组合具备持续跑赢基准的能力。

此外，机构投资者本身的结构也在变，公募基金和外资占比在持续提升，市场的定价权在持续地转移。

张　琳：所以这是资本市场越来越成熟的标志之一，是一件好事儿，或者说是一个必经阶段。那么机构抱团会不会在某一天瓦解呢？

张　夏：我最近也思考了一下这个问题。市场波动很正常，有没有什么因素会使得一些股票阶段性地出现一定回撤？很简单，就是有更好的业绩板块出现了。现在有没有可能出现了呢？2021年是企业盈利增速非常高的一年，所以很多中小市值公司也可能会有一些比较好的改善，虽然当前规模小一点，但是也是在自己的细分领域精耕细作，也在不断地成长和扩张，也会有可能成长为下一个巨头。

假设在这个位置，有一部分资金选择买这些优质的细分领域的龙头或者偏中小、成长性更好的公司的股票的话，不排除像大家所描述的，作为抱团标的的这些公司有阶段性回撤。但是没有关系，只要这部分公司经营状况没有什么问题，仍然沿着比较好的方向发展的话，经过一段时间的低迷之后，有可能会重新起来。我们只要找到业绩好的公司、估值比较合理的公司，再拉长周期来看，最终股价会反映基本面。

总的来讲，资本市场就像波浪一样循环波动着，每个行业都在振荡。当大部分行业振荡向上时，也总会有一些行业在某些阶段受到投资者的关注，总会有一些行业被投资者阶段性地放弃，过一段时间又可能再捡回来。建议投资者关注1月31日这个日子，这是所有符合要求的公司披露业绩预告的日子。我们会发现，每隔三年，在这个日子之后，如果有新的产业趋势或业绩出来的话，大家就会选择新的方向。一个周期往往就是三年。

杨勇胜：张夏是从策略角度分析的，我们更多的是从行业角度分析。我们跟踪研究的行业中，白酒最近是比较热门的板块，已经出现了一些聪明的资金去布局一些之前大家关注相对比较少的个股和价格带。

以前白酒的价差相对较小，但当五粮液跟泸州老窖的价格涨到1000元以上时，价格带比较效应就显现了。2020年，从6月份餐饮业恢复之后，中秋节期间，500块到700块的价格带有很多企业密集布局。厂商为了推销，给了经销商很足的盈利空间。几家高端白酒公司下半年的业绩改善幅度明显加大。与之相对应，高端白酒即使资金分流，或者业绩增速不是最快的，股价仍然在小幅度持续上行，背后的原因就是机构投资者的行为和关注点。

我们看到，这一轮白酒企业比上一轮景气期表现得更加克制、理性，让这个行业的增长可以变得更长。从2016年开始，很多机构投资者探讨企业增长，不仅仅看PE，还会用DCF模型，本质上来说会更加关注它们长期的发展趋势。所以在消费升级大背景下，机构投资者并没有放弃对商业模式好、现金流好、回款好、成长空间可以看得很远的白酒行业的持仓，整个板块也没有看到大幅度波动。

张　琳：有人说2021年会出现一个显著均衡的状态，机构关注度会从“抱团三百”到“挖票八百”。这是一种什么趋势？

张　夏：像杨勇胜描述白酒一样，高端白酒提价之后，次高端也能跟上，这个过程其实在中国各个领域都在发生。我们要关注的一个是消费升级带来的趋势，一个是中国在不断地攀爬科技树的趋势，另外就是中国制造业不断地向中高端，甚至更高端迈进的趋势。

我们做了一下统计，2021年除了沪深300和中证500，再往下中证1000中的公司，盈利增速预计是30%，参考这个增速给出的估值在20倍左右，总的来说估值性价比不错。如果能够符合刚才我提到的几个趋势，或者有一定的提价能力，能够带来未来更高的业绩增长，甚至有潜力成为行业细分领域巨头的话，我觉得这种标的也是非常好的选择。随着全球经济的同步改善，再叠加现有的很多科技创新的新周期之后，2021年可以关注的股票标的会逐渐增加一些。

杨勇胜：接着张夏的话题，发展趋势和消费者购买能力的提升在我们板块应该有比较完美的印证。券商研究所食品饮料行业的团队的编制，在我刚入行的时候三个人就够了。最近几年，我们的同行团队都往七八个人发展。2020年一年我们行业新上的公司有将近20家，我们也慢慢地发现了新的关注点，比如奶酪。消费升级之后，人们开始从喝牛奶变成“吃牛奶”，其实就是奶酪。再看看最近几年比较风行的茶饮，还有哪个商圈都会有的卤味店。老百姓口袋里的钱多了，原来基础性的消费开始升级为多样化消费。

2021 年 A 股的走势与节奏

张　琳：你们对 2021 年全年 A 股的整体节奏做了什么样的预判？其中有哪些可以布局的产业主线？

张　夏：我们预判 2021 年市场是一个前高后低的格局。众所周知，股票市场取决于基本面、业绩情况、流动性，从长期来看，就是钱多、钱少这两个因素起关键性作用。2019 年 A 股进入上行周期后，流动性不断得到改善，体现为典型的流动性驱动，业绩确定性比较高，长期空间比较大的消费、科技类板块轮番表现。到了 2020 年，受疫情的影响，全球货币政策宽松，上半年依然延续了流动性驱动格局。但下半年发生了变化，中国经济迅速恢复，市场进入基本面驱动阶段，业绩上行起到了更加重要的作用。从业绩趋势看，2021 年一季度是高增长，剩下的就要看流动性了。

目前来看，由于全球疫情有所反复，所以流动性不能马上紧缩，2021 年一季度预计都是比较宽松的，转折点可能会出现在二季度。可能有几个变化：第一个，通胀上行有可能会超出市场预期。实施货币政策的目标之一是不让通胀抬高，如果二季度通胀升高，就会触发货币政策转向偏谨慎或者保守一点。另外一个要看外需，如果外需非常不错，当然没有必要进一步宽松了。还要看经济增速，如果今年增速实在过高的话，对下一年经济增长会产生压力。从平抑经济周期波动的角度来看，有可能二季度整个政策不会像之前那么宽松。

二季度之后，国内的投资需求边际上往下走，海外往上走，二者形成这样一个共振之后，盈利高点在一季度，二季度某个时间应该盈利增速边际向下，这个时候流动性相对来说没有此前那么好，这样一来股票市场整体就会面临估值压力。所以必须要找到那些增速比较高的板块和个股，才能承受估值下行的压力，这样指数可能会有一定的调整，但也是正常波动，最终形成前高后低的全年节奏。

张良勇：全年经济走势前高后低是市场的一致预期。今年全球经济不会像去年那样出现断崖式的场景。所谓逆周期的调节政策可能会有序退出，各国会稳定宏观负债，这意味着政策在经济走势当中扮演的角色也会弱化。所以 2021 年 GDP 环比增速将向均值回归，除非发生冲击力远超疫情的“黑天鹅事件”，否则就是前高后低的趋势。

张　琳：那接下来会不会有目前不太确定的因素改变大家普遍一致的预测？

张良勇：这种可能性不大，前高后低的经济整体趋势出现意外变化的可能性不大。可能只是程度上有差别。还有可能会因为几个因素的共振，比市场预期还要好，比如弱美元周期、全球性补库存的过程，还有政策红利带动制造业投资增速进入上行周期等。

下一个海天和茅台在哪里

张　琳：食品饮料板块是抱团热情比较高的板块。2021 年这个

板块整体是均匀增长还是会集中在某些月份？

杨勇胜：从全年的节奏来看，白酒更看好上半年的表现，食品更看好下半年，这和疫情有很大关系。2020 年疫情对于高端白酒的报表没有产生较大影响。2021 年是“十四五”规划的元年，三月份投资者出调研报告，四五月份企业开股东大会，大家对白酒这个板块的投资热情会更高，所以白酒上半年的节奏会更好一些。而食品刚好反过来，有相当一部分企业受益于“宅经济”，2020 年上半年基数比较高，2021 年如果要找买点的话，表现更多的是在二季度后，下半年的表现会更好一些。

张　琳：茅台市值现在已经两万亿元了，五粮液一万亿元，泸州老窖四千亿元，还有很多白酒股紧追猛赶。通过白酒看，整个食品饮料行业是不是已经面临一个高估值的选择难题了？一些细分领域会不会被忽略？

杨勇胜：2020 年机构投资者对新公司研究的深度和广度其实都在扩大，因为龙头的带动，板块估值上升确实比较多。一些细分领域与其说没有被关注，不如说投资者对行业或者市场的研究没有那么充分。2020 年因为疫情受损，一些板块业绩与往年相比较低，包括啤酒、饮料、实体店的卤味零食等。2021 年，这些行业就是白酒之外可以重点关注的一些细分赛道，对于投资者来说应该会有很多投资机会。

高端白酒仍然是我们重点关注的领域，除了看重收益率，还有它的稳健性，包括市值空间大、机构投资者能够买更多的量等的考虑。我们对于整个板块继续持看好的态度。

张　琳：有网友问，无论白酒多高端，消费群体都是中国特有的，并不具有全球性，从这一点看，高端白酒到底有没有天花板？

杨勇胜：我们认为白酒商业模式好，是因为它有一个和其他行业不太一样的优势，就是它的提价能力。我们测算过，过去20年，能跑赢通胀水平的消费品其实并不多。包括矿泉水、很多饮料在内的产品，很长时间内提价都非常谨慎。但是白酒长期能跑赢通胀。因为白酒即使销量没有增长，它的价格也能够持续提升，业绩就会增长。

另外，中国白酒的年产量已经连续四五年下滑了，到现在全国大概有700万吨，这个体量里高端白酒大概只占了10万吨。从消费升级角度，无论是看产销量，还是价格提升空间，白酒都有确定的增长空间。

张　琳：除了白酒，食品饮料板块未来还有哪些高成长子行业？

杨勇胜：我们所提到的高成长有两种。一种是新的需求，就是大家从不吃不喝变成开始吃喝。奶酪就很典型，过去我们很少吃，现在不少小朋友对奶酪非常上瘾，这就是创造出的新需求。还有一类就是对原有需求进行改造，比如面包。过去我们吃面包基本上是从烘焙坊或者超市里买，而且很多是保质期三个月、六个月的“长保”产品。这些年我们发现很多企业开始卖“短保”面包，而且是把更好的产品以适中的价格呈现给消费者，渗透率提高，消费量也提高，这就带来了业绩的较快增长。

张　琳：调味品这个细分领域是不是也会保持高增长？

杨勇胜：各位投资者有没有发现，现在我们周围连锁的米粉店、煲仔饭店、小馄饨店等越来越多？过去我们吃一碗面花 15 元，不到 20 元，现在客单价基本上在 30 元以上。最近这两年上海一个非常流行的餐饮品牌开了一个面馆，一碗面的客单价可以做到 50～80 元，最贵的蟹粉面可以做到 100 元以上。中国餐饮行业规模大概是 4 万多亿元，连锁化和品牌化是一个大的趋势。和以往的夫妻店不同，品牌餐馆对于价格的敏感度降低了，而对基础调味品的档次和品牌，还有复合调味品的一站式服务，都提出了很多新要求。此外，这几年像火锅、面、烧烤等品类的发展，对复合调味品的刺激效果就格外明显了。

张　琳：所以从生意属性来看，调味品是难得拥有长期壁垒的好生意，龙头海天味业 2020 年的上行幅度可以说是一个印证。但网上有段子说，假设全中国每个家庭都买 5 瓶海天酱油，可能都无法支撑这样一个庞大的市值。所以有人就问了，消费股难道都要看“市梦率”了吗？这里面的逻辑到底是什么？

杨勇胜：2020 年年初的时候，我们谁也没有想到调味品全年的估值上行幅度会这么高，原因有几个。第一，与白酒相比，调味品出现得更早。调味品发展的第一阶段是盐，第二阶段是酱油、醋等基础调味品，第三阶段是复合调味品。中国目前处于调味品发展第二阶段中的早期，所以在发展方向、趋势和渗透率等方面，还有很大的长期发展空间。

第二，我们来看疫情对行业龙头的影响。2020 年海天发布上一年年报时，正值疫情期间，很多餐馆都关门了，但它却定了一个两位数的年度增长目标。它的底气在哪里呢？它把很大一块工作放在渠道下沉、网点渗透，还有新品开发上。其实不光是海天，还有其他一些调味品公司，2020 年公司的经销商数量、网点数量都比前几年有明显增长，增速明显加快。从报表上来看，二季度调味品企业基本超预期，那段时间也是海天估值提升最快的阶段。

第三，可能也是疫情之下大家对于其他板块短期业绩有所担忧，开始慢慢聚拢到这个板块。

张　琳：你觉得下一个海天、茅台会在哪些领域出现？

杨勇胜：这个答案我其实已经暗示过了，除了海天这样的主打酱油基础调味品的企业之外，与餐饮相关的复合调味品和食材供应企业都有表现机会。

用美国著名投资人的话讲，要到有鱼的地方去打鱼。餐饮这个行业足够大，四五万亿元的市场，“鱼”足够多。而且中国人一向是“民以食为天”，饮食文化深厚，不像欧美国家的餐饮基本上就是汉堡、比萨、牛排和沙拉。中国的菜系非常多，烹饪方式也非常多。这些餐饮企业在供应商、复合调味品、食材等方面的需求量、采购量都非常大。以前很多食材是冰冻的，现在有一些冰鲜的；以前是当地采购，现在集中供应。目前四五万亿元的市场对应的客单价还很低。当大家都开始慢慢接受 15 元、20 元、30 元这样的客单价之后，行业扩张速度会很快。

总之，很多细分领域伴随着餐饮相关产业链在发展，下一个茅台和海天就需要到这里面去挖掘。

寻找细分行业中的隐形冠军

张　琳：在中长期看好的六大方向里面，我们建议在传统品类中选择品牌龙头，在细分行业里选择隐形冠军。对于普通投资者来说，隐形冠军怎么找？

杨勇胜：先讲一讲什么叫作隐形冠军，过去大家主要讲的是日本和美国细分领域中，在业内比较知名的，在业外大家不是特别熟悉的企业。如何发掘呢？从方法论来说，在食品饮料这个领域，方法很简单，就是调研。这个方法运用得最好的是美国的知名投资家彼得 · 林奇，他专门讲了自己作为消费者，如何到商场、超市看哪些产品卖得不错，哪些新业态增长很快。如果你发现一个店一直有人在排队，产品生产日期非常新鲜，说明它的产品非常受消费者喜爱；如果看到一个店不断地在全国开连锁店，说明它的生意可持续，业绩在增长。

其实我们每个人都是消费者。当我们去超市、商场、街边的时候，如果有意识地仔细观察，就会发现那些消费现象背后很有意思的产业趋势。发现之后，我们再结合专业的行业分析和估值分析，就可以判断这个企业有没有投资价值。目前来看，像我刚才提到的奶酪、复合调味品、食材供应、“短保”面包、卤味品等行业，应该说都是符合消费趋势的，这里面都有做得非常好的优秀企业。

张　琳：2021 年你们觉得哪三个行业最具备优质资产的投资价值？

张良勇：我的老本行——科技板块，还是有机会的。

杨勇胜：高端白酒和调味品。

张　夏：他们提到的这三个行业代表着两种投资思路，我来说说方向性的建议。2021 年的投资思路要把握几点：一是海外需求可能会出现一个比较大的向上弹性。在外需板块里，电子板块的出口占比较高，并将受益于全球需求的同步改善。二要关注通胀压力。现在所有工业品以及农产品都出现了不同程度的提价，原因在于成本推动，成本推动下的提价可能会带来业绩的向上弹性，所以可以关注受益于通胀的板块。另外，如果全球疫情得到有效控制，出行消费会触底反弹，涉及的行业有航空运输、机场、影视、传媒、景点等，它们的业绩都将得到明显改善。

择时的重要性

张　琳：最近的上涨行情已经让很多投资者担心市场会出现振荡。从食品饮料板块来看，涨幅较大的品种是否要进行择时操作？

杨勇胜：食品饮料板块每年有几个时间点非常重要：春节、3 月份（糖酒会举办）、五六月份（股东大会召开）和 10 月底（三季报发布）。

最近我们一直在关注疫情反复是否会对春节旺季白酒的动态销售产生影响。我们看到有些地方让大家尽量少出门，减少聚会，这样的话，我们就要密切关注这个影响是不是区域性的、局部性的，会不会扩大范围。如果更多的地区采取这样的措施，对于一些非高端的白酒，还是会产生一些影响。但是高端白酒，其实在春节那几天的消费占比没那么高，而且还有一部分是礼品消费，所以影响偏小一点。

还要关注的就是四五月份的通胀情况。春节之后，如果通胀慢慢起来，需求慢慢起来，就有可能有新一轮的提价。

张　琳：像 5G、芯片等科技类行业股票，大概在什么时间节点会受到资金的青睐？

张良勇：过去这几年，每个科技领域，包括 5G、物联网、智能驾驶、电子行业、半导体，还有最近比较热门的新能源等，从来都不缺席，始终有机会。

张　夏：我觉得核心还是业绩趋势，而披露的年报业绩就是一个去伪存真的非常重要的指标。基本原则就是看 1 月 31 日公布业绩预告的时候，这些企业的业绩究竟比大家想象得要好还是差。如果披露出来一个比较低预期的业绩的话，对于食品饮料中有些看长期空间，或者按照自由现金流贴现的行业，可能影响不大，但是对于高增长的公司影响会非常大。像张总刚才提到的那些热门板块，如果业绩继续超预期的话，仍然会有比较强势的表现，不会因为你说它贵了，人家就不涨了，毕竟资本世界最核心的是业绩驱动，其他的因素只会造成扰动。科技领域中有一些企业过去表现不好，业绩面临压力。如果是受疫情影响或者供应链紧张等，那么一旦疫情缓解、外需改善之后，都可能有很好的表现。所以我还是一直持这样一个观点，就是大家在判断一些板块和细分领域的时候，没有出业绩之前不要轻举妄动，等到业绩出来之后，能明确知道它的业绩趋势是什么样的，再做调整也来得及。

张　琳：但是我们知道个人投资者往往很纠结，想买热门行业的股票，又很难做决定，毕竟价格都不便宜了，所以总担心自己进的时间选得不对。

张　夏：就这个问题，我有一个建议。个人投资者买股票的时候，几乎是冲着热点去的，很难有一个完整的框架体系跟踪它的业绩，去了解它到底是超预期还是低预期，业绩出来了也不知道意味着什么。个人投资者中很多人不知道这个股票为什么贵，也不知道为什么便宜，亏钱的概率就比较大。年初到现在，指数已经涨了不少了，上证指数接近 3600 点，但是整个指数的中位数回报率是 −2.4%，这就意味着 4000 家公司中有 2000 家跌了 2% 以上。个人投资者踩准方向当然非常幸运，踩不准的话，就会遭受比较大的损失。

我个人觉得未来的投资过程，一定是机构对决。机构考虑的是业绩的边际变化趋势，它们拥有专业的分析人士，拥有各种各样的调研渠道，各方面都比个人投资者有优势。事实证明，公募基金在长达 15 年的时间内，获得了比指数和 A 股中位数更高的回报率。所以我建议大家以投资机构产品的方式参与到资本市场中来。2008—2016 年，大家随便买买股票问题都不大。现在注册制实行之后，再叠加机构对决，中国有一批公司不可避免地会像美股或港股里的一些公司一样，沦落为没有成交、没有市值的公司。其实这些背后都隐藏着同样一个逻辑：现在是真正用业绩说话的时代。

主持人手记

2019 年夏天，一篇《招商证券：A 股 4 次著名“抱团”事件启示录》在业内引发了巨大关注，当下火热的“机构抱团”概念就是来自这篇文章。然而让主笔张夏没想到的是，这个词现在竟然跑偏了，产生了歧义，还引发了争议。他更想表达的是，“抱团”是一种市场机构化的趋势，是成熟资本市场的一种必然选择。历史上，机构抱团不止一次地出现过，白马蓝筹、科技大牛，甚至小票中，都曾出现过被热捧的“抱团股”。所以今天摆在普通投资者眼前的现实是，不管你接受还是不接受，机构抱团的周期性出现和瓦解会成为未来市场的常态，也会成为投资者永远绕不过去的两难选择。

PART

8 拥抱权益资产的大时代

姚振山 vs

长江证券研究所总经理	徐　春
长江证券研究所副总经理 钢铁及有色金属行业首席分析师	王鹤涛
长江证券研究所副总经理 金融制造组负责人 电新行业首席分析师	邬博华
长江证券研究所策略首席分析师	包承超

长江证券 CHANGJIANG SECURITIES

长江证券股份有限公司成立于 1991 年，于 2007 年在深圳证券交易所主板上市。经过 30 年坚持不懈的努力，公司已发展成为一家实力雄厚、功能齐全、管理规范、业绩突出的全国性综合型证券公司。长江证券秉承价值投资理念，力图通过及时准确跟踪行业及上市公司基本面的变化趋势，加强产业链上下游互动和深入研究及跨行业专题合作研究，是国内首批获得证券投资咨询资格的机构之一，拥有约 160 名专业研究人员。

徐　春

长江证券研究所总经理

复旦大学微电子学与固体电子学专业硕士，2011 年进入长江证券股份有限公司研究部从事家用电器行业研究，其间先后担任家用电器行业研究小组组长、下游消费产业大组组长。于 2017 年 3 月任长江证券研究所副总经理，2019 年 4 月任研究所总经理。他曾获得“新财富白金分析师”的称号，其带领的团队 2014—2020 年连续七年获得“新财富最佳分析师”家用电器行业第一名、“卖方分析师水晶球奖”家用电器行业第一名。

王鹤涛

长江证券研究所副总经理、
钢铁及有色金属行业首席分析师

南开大学经济学学士、复旦大学经济学硕士，现任长江证券股份有限公司长江证券研究所副总经理、钢铁及有色金属行业首席分析师。他有十多年证券市场钢铁、有色金属行业领域研究经验，作为国内资深的行业研究分析师，曾被评为“新财富白金分析师”“最受公募基金欢迎分析师”“金牛奖最具价值首席分析师”。他所带领的团队连续十年获得“新财富最佳分析师”钢铁行业第一名，连续九年获得“卖方分析师水晶球奖”钢铁行业第一名。

邬博华

长江证券研究所副总经理、金融制造组负责人、
电新行业首席分析师

中国人民银行研究生部金融学硕士，先后任职于通联支付、上海航运产业基金，于 2012 年加入长江证券研究所，从事电力设备与新能源行业研究，至今已有 9 年时间，现任长江证券股份有限公司长江证券研究所副总经理、金融制造组负责人、电新行业首席分析师。他曾多次在“新财富最佳分析师”“卖方分析师水晶球奖”等多个业内具有影响力的评选中获得第一名。

包承超

长江证券研究所策略首席分析师

复旦大学数理经济学学士、复旦大学经济学硕士，并担任复旦大学经济学院专硕导师，拥有 7 年策略研究经验。2019 年和 2020 年他入围“新财富最佳分析师”，其带领的团队 2020 年获得“新浪金麒麟最佳分析师”评选第三名，2020 年获得“卖方分析师水晶球奖”策略领域第三名。

❖ *历次经验表明，在有比较大的波动的时候，市场也蕴藏了很多好的投资机会。*

❖ *从未来大的周期来看，我们认为权益投资大时代即将来临，过去两年就是这样一个时代的缩影。*

❖ *过去两年虽然指数涨幅有限，但是结构非常精彩，这反映了投资者越发理性地从长期角度去理解市场，对优秀企业也愿意给出合理定价。我们相信未来整个资本市场将告别过去那种非理性的繁荣，逐步培养出适合进行长期价值投资的土壤。*

❖ *2021 年要是买对了赛道，对结构性行情把握得准，收益率可能也不低，就看你能不能买对。*

❖ *无论是在储能领域还是在消费领域，用锂电池来储能是一种主流趋势，所以整个锂电池行业空间还是非常大的。*

❖ *展望未来，我们认为拥抱权益资产的大时代即将到来，居民资产，尤其是家庭资产，配置结构可能越来越倾向于权益市场，权益资产的比例也会逐步提升。*

❖ *未来我看好制造业。第一是聚焦制造业崛起； 第二是拥抱新能源革命。*

❖ *赛道型投资适合生命周期处于行业前期的成长性企业，比如新*

能源汽车、半导体等，行业处于高景气、高成长阶段，竞争格局也还不太清晰，只要投资者买对了赛道，大概率可以获得不错的收益。

❖ *个股型投资更多的是选择在生命周期中后期的成熟行业，其特征就是行业的成长性并没有那么突出，但是行业竞争格局比较清晰，龙头公司的竞争优势比较明显，比如白酒等消费型个股。*

权益投资大时代即将来临

姚振山：2020 年指数涨幅并不大，很多股票却翻了 5 倍、10 倍，让大家感觉好像牛市来了，但是指数又没有牛市特征。那么，放在一个大格局上来看，A 股未来会如何演变？怎么看目前 A 股市场的特点？

徐　春：从去年到今年年初，A 股已呈现出非常明显的结构性特征。我们看到指数并没有大的涨幅，很多个股赚钱效应非常明显，尤其是公募基金的表现令人非常惊艳。从未来大的周期来看，我们认为权益投资大时代即将来临，过去两年就是这样一个时代的缩影。为什么这么说？可以从以下几个方面来看：

第一，中国企业在全球价值链中的地位不断提升。经过过去几年的快速发展，中国企业经历了从模仿到超越的蜕变，已经有了非常牢固的“护城河”。以前提到中国制造业，人们的第一反应是劳动密集型、资源消耗型、环境损耗型，很多人认为中国只生产低附加值的产品。中国自2001年加入WTO以后，外贸驱动型的结构得到快速丰富和完善，中国基础制造的产业链快速融入全球价值链当中。过去20年，中国企业经历了从基础模仿制造到收益回流，到研发创新，到市场化再制造的过程，在全球价值链中的地位正稳步提升。

第二，制度建设促进了资本市场的健康发展。目前资本市场在国民经济当中的地位得到了显著提升，也变得更加成熟、繁荣。过去30年，制度优化和市场激荡始终并存，使得资本市场的投资和研究方式始终在变。不变的是什么？我们国家在资本市场制度建设上始终坚持市场化、法治化和国际化的发展方向，资本市场服务于实体经济的初心不会变。中国企业在全球价值链中的地位持续提升，这也是资本市场的红利所在。所以在当前经济结构转型的深化期，新经济将让整个融资定价模式更加灵活，直接融资市场的战略地位将继续提升，整个A股市场的重要性也将得到提升。

第三，投资结构更趋合理和成熟。投资结构在过去两年有了非常明显的变化。一方面，大家逐步形成了价值投资和长期投资的理念。过去机构投资者占比不高，跟境外市场相比差距非常大，近些年随着金融市场持续开放，境外资金持续地进入，南下资金也在改变港股生态，整个资本市场变得更加开放和包容。另外一个方面，无论是国内的投资者还是上市公司，近些年对长期可持续投资理念的重要性的认知在持续提升。经济增长模式从过去注重数量向现在注重质量转变。过去两年，基金行业比较好的回报率给广大投资者上了一课。投资者从过去自己买股票向买基金转变。过去两年虽然指数涨幅有限，但是结构非常精彩，这反映了投资者越发理性地从长期角度去理解市场，对优秀企业也愿意给出合理定价。我们相信未来整个资本市场将告别过去那种非理性的繁荣，逐步培养出适合进行长期价值投资的土壤。

姚振山：简单总结一下，中国企业在全球价值链中的地位不断提高，也会带来市场份额、收入、利润、竞争力的提高，这是大周期、大环境，未来只要找到真正好的公司，在A股市场上就能够获利。

徐　春：是的。

2021的行情还会是一个结构性行情吗

姚振山：很多人觉得2021年的行情会比2020年要差，但我们看到2021年初，公募基金一周就发了1500多亿元基金，一两百亿元规模的基金一天就发完了。六七十万亿元的居民存款，正在不断涌入市场。2021年怎么可能会比2020年差呢？如果不差，2021年会是一个普涨之年吗？

包承超：很多散户投资者和机构管理者对市场都有一定的偏见。大家通常会认为A股市场是个“牛短熊长”的市场，牛市时间会很短，而且一旦来临就是全面上涨。大家只关注指数是否上涨，而没有关注市场大部分时间都是结构性牛市。拉长周期来看，资本市场一直以来都是“牛长熊短”的市场。

今年开年以来基金发行比较好。大家的投资热情为什么这么高？是因为很多投资者已经慢慢意识到市场的结构性行情远远要比全面上涨来得精彩。我们认为2021年依然还会维持一个结构性的行情。

受疫情影响，2020年整个金融市场的流动性都处在一个比较宽松的状态。2021年，我国宏观经济依然处于持续恢复过程中，货币政策灵活适度，无论海外还是国内流动性还没有明显收紧，所以，我们相信2021年的市场依然是以结构性行情为主的市场。

在结构性行情里是不是2021年就没有什么机会了呢？不一定，结构性行情带来的机会往往更加精彩。

姚振山：2021年要是买对了赛道，对结构性行情把握得准，收益率可能也不低，就看你能不能买对。如果经济在2021年中期能够出现复苏，全球经济能够重启，有色金属、化工品的需求就会很大，所以有色金属2020年11月份、12月份涨过一波。2021年就有色金属行业来说，是不是在那些没有涨的或者没有启动的行业里面反而机会更大一些？

王鹤涛：第一，从自上而下整个大周期角度来讲，我们现在所处的宏观环境、周期都有了变化。在中国经济20年高速增长的宏观背景之下，我们的产业很容易出现所谓低 α、高 β（α 就是指在面临同样的环境的时候，这个公司比别的公司能创造更多的价值。β 更多的是指跟随宏观经济、产业发展本身的波动率），这是强周期的表现形态。这几年经济扁平化，一些周期性的股票原有的周期性逐渐被淡化，各个产业 β 端的波动率在减弱。过去5年我们经历了供给侧改革和环保政策调整，经历了各个产业的自我优化和洗牌。各个产业的龙头公司的 α 被放大了，这是经济结构转型带来的最大变化。原来低 α 、高 β 的产业形态迅速向高 α 、低 β 过渡。这个问题为什么很重要？因为它改变了我们看待整个周期的出发点和思路。高 β 时代大家更加侧重自上而下的宏观视野，以前是重总量、轻行业，重趋势、重拐点，只要拐点到了，买谁不重要——因为要买弹性，大家往往会偏好一些行业底部或者资质差一点的公司，不会去买龙头类公司。现在整个 β 端被全部淡化，大家全都向 α 端靠拢。这样导致的结果是，大家现在再去关注周期的时候，往往会淡化自上而下的宏观视野。所以去年整个经济因为第一季度被疫情砸了一个坑之后，第二季度成了恢复最好的季度。我们并没有看到第二季度周期权益端在股票层面有非常大的表现。大家淡化了 β，去找 α，宏观层面的扰动也淡化了，大家开始顺着产业趋势，去寻找产业未来发展方向最好的公司。

第二，整个 A 股市场的资金性质发生了变化。这几年除了产业宏观层面发生了变化之外，还有一个重大的变化就是整个资金性质也发生了变化。原因一方面是国内储蓄搬家，另一方面是外资开始越来越多地进入 A 股市场。这些资金的普遍特点是什么？第一是资金成本相对偏低，第二是考核周期或者展望的期限比较长。这样的话，在整个估值体系的 DCF 模型里，分母端的资金贴现率比原来预期的要低。这样我们就会发现很多产业里面，已经供给出清的优质头部公司，特别是龙头公司的估值体系，跟原来的历史区间相比，上限会被全部突破。因为分母端的资金贴现率和原来相比在发生变化，所以当前产业层面叠加资金层面的双重变化，就会使原来极度追求宏观层面周期变化带来的波动性和弹性的周期投资维度，开始向顺应产业趋势，寻找足够好的公司跟它一起去共同成长的维度过渡。

第三，选股的两个方向。当我们坚定用淡化 β 、寻找 α 的思路去寻找最好的公司，我们应该着重探讨的问题是如何寻找 α 。本质上来讲有两个方向，要么是商品的售价更高，要么是成本低。售价更高的更多的是源于龙头的品牌溢价，如白酒，或者具备差异化和有品牌效益的方向可能会产生龙头品牌溢价。那么，对于整个周期品来说，除了一部分消费建材之外，绝大多数周期品本身偏同质化。这些行业拼的就是成本。

第四，值得关注的细分领域。沿着这个思路来分析，结果就非常清楚了。既然我们要去寻找 α ，那么细分领域里面需求增速更快且不断在提升的，需要聚焦的一定是新能源、新材料，比如新能源车领域里的锂、钴，新材料里面的高温合金、钛合金。在未来 5 年或 10 年，这些都是高速增长细分通道里值得我们重点关注的领域。此外，2021 年也可以在整体供给优化的品种里面寻找受益于海外需求复苏的一些细分方向，比如铜、铝应该值得重点关注。

姚振山：在整个大周期或者有色金属大周期里面有几类好品种。从投资时段上来看，上半年是不是主要买以钴、锂为代表的公司，到下半年再去找大品种，比如铜？

王鹤涛：因为股价本身是未来现金流的贴现，在整个市场的资金预期回报，就是所谓资金贴现成本开始下降的时候，大家会把优质公司的估值估得越来越高，这也意味着拉长了未来中长期的贴现。2020 年一季度末，疫情拐点出现之后，铜和铝一直在修复通道当中，股票的表现远远不如钴、锂。锂的基本面到三季度末左右才开始触底，开始修复。这其实体现了大家对整个中长期市场的关注。所以从这个维度来讲，整个新能源车的长期趋势依然向好，钴、锂短期可能会有波动，但是从长期来看值得我们关注。有色金属里面，2021 年基本面最好的是铜、铝。对于铜、铝更多的聚焦是在 2021 年上半年，就是随着海外经济复苏，整个通胀的情绪起来之后。铜、铝在 2021 年二三季度之前是值得关注的比较不错的品种。

姚振山：钴、锂的机会比较具有确定性，但是我也注意到，你刚才还提到了小金属里面的钛合金。这个金属品种这么小，2021 年有大的估值或者股价弹性吗？能给大家创造超额收益吗？

王鹤涛：刚才之所以提到它，是因为我们所聚焦和寻找的是一些细分领域中需求增速比较快、未来整个空间比较大的品种。除了钴、锂之外，钛合金和高温合金还跟整个军工现代化以及未来大的发展趋势密切相关。沿着刚才的主线来讲，一方面我们要看市场需求以及行业的景气度，另一个方面就是原料。就景气度比较不错的小品种而言，一旦需求开始增加，中间环节和下游环节会涉及备品、备件、备货问题。相比中间加工环节和直接贴近需求的下游环节，原料有一个好处，那就是面对需求，它会直接迎来拐点向上，再叠加库存放大效益，需求有可能会爆发。钛合金、高温合金也在这些细分领域里面，未来它们将承载进口替代的重任，这些方向都是未来几年值得重点关注的方向。

新能源车板块的未来走势

姚振山：今天（1 月 11 日）上证综合指数跌了 30 多个点，不是太多，但是新能源电动车整个板块的走势出乎预料，涉及正极材料、负极材料、电解液的公司都跌停了，整个板块出现了比较大的下跌。究其原因，好像是上周末有家车企宣布 2022 年新车将搭载半固态电池。没想到新能源电动车板块的剧烈波动是由车企新能源车发布会带来的。对此你们怎么看？

邬博华：今天市场这么大的调整，也是对前期涨幅比较大的反应。上周末，一家新能源车企发布了自己的新车，并提出 2022 年就会搭载半固态的锂电池，这引发了市场的担心：是不是锂电池技术路线会有一些比较大的变化？固态生产路径会不会很快就能实现？借着这个机会讲讲我们的看法：

第一，对以电动车和光伏为代表的新能源行业来讲，要想不断地进步，只能依靠技术进步。只有运用新的技术，不断地提高产品的生产效率，降低成本，才能让电动车更加便宜，也让光伏产品更加便宜。这样更多的人才会接受它们，从而激发更多的需求，让它们从渗透率非常低的新能源替代性产品，变成越来越普及的产品。无论是作为市场分析师还是投资者，对各种技术进步一定要抱有积极心态。

第二，固态电池是我们关注了很久的一个电池的未来发展方向，但是它在技术成熟度以及量产等方面还存在问题，我们觉得这是一个时期相对比较长的技术路线。按照国内某些龙头企业的预测，纯固态的电池可能会在 2030 年左右才会进入到量产阶段。这次车企提出的半固态方案，还是基于目前我们所了解的正负极电解液、隔膜这样的体系来做的一个产品，它只是在产品的某些特性上面会有一些改进。所以这个车企提出来的半固态的方案是从锂电池技术的材料体系里衍生出来的，没有动摇整个行业材料体系的根基。所以我觉得今天的市场反应这么大，其实有点反常，有点非理性，有点过度了。

第三，我国新能源汽车经过这么多年的发展，国内产业链上出现了很多优秀的材料生产企业，包括电池企业。它们对未来新技术的跟踪、研究，还有投入的力度都很大。未来企业在漫长的技术进步过程中，肯定会找到比较好的方案。优秀的公司一定会在产业的发展过程中抓住各种各样的机会，找到自己的立足点。

这次新能源板块的下跌可能还是市场对年初整个涨幅比较大的反应。

姚振山：今天新能源电动车整个板块调整，对长线资金来说是介入的好时机吗？

邬博华：我印象中，在元旦节前，有一天整个板块出现大幅度调整，当天是在没有任何外在不利因素的前提下出现了波动。那一天，很多资金流入这个板块，是一个比较正向的趋势，当天的下跌没有改变这个趋势。我觉得市场对整个电动车行业和光伏板块的认可度、关注度并没有改变。历次经验表明，在有比较大的波动的时候，市场也蕴藏了很多好的投资机会。

姚振山：从去年到现在，新能源电动车及相关产业链上的很多公司已成为市场热点。2021 年还会持续吗？钴、锂等能源材料未来前景如何？

邬博华：其实无论是电动车还是电动化，它们最主要的产品就是电池，或者说锂电池。锂电池不管是在电动车领域，还是在其他的一些领域，都是以金属锂或锂合金搭配其他材料做成的一个产品。锂电池的用途比较多。电动车用锂电池，应该是这几年出现的新需求。用电来驱动汽车，需要的能量密度是比较高的。一辆汽车用电比较多，用到的锂电池也比较多，因此电动车上用的锂电池，成了锂电池整体需求里面非常重要的部分。

我们再来看锂电池产业链。锂电池产业链里面最大的需求来自电动车。我们有一个统计，2020 年，全球新能源电动车的产销量超 300 万辆。按照目前的预测，2021 年全球新能源电动车的产销量会超过 450 万辆，同比增速会超过 50%，动力锂电池的需求会有一个比较快速的增长。按照我们的测算，2021 年动力锂电池同比增速会达到 70% 左右，这个数据很夸张。2019 年、2020 年全球动力锂电池同比增速基本在 10%～20%，所以 2021 年一定是动力锂电池需求全面爆发的一年。虽然新能源电动车产销量的同比增速在 50% 以上，但是随着很多车的功能的提升，纯电动车的比例提高，动力锂电池产销量的增速会比车的产销量的增速更快。

2021 年全球动力锂电池的产销量可能会超过 220GWh。如果把锂电池领域的其他需求算上，比如储能、通信、两轮电动车的需求，2021 年全球锂电池的出货量应该超过 400GWh。动力锂电池的出货量占今年全球锂电池总出货量的一半以上，这是一个非常大的需求。

锂电池产业的估算既跟电动车的产销相关，也跟其他领域的产销相关，这也决定了这个行业未来的走向和高度。假设只是按照汽车产量来估算动力锂电池的需求，还是比较容易看到天花板的。比如现在全球一年产出八九千万辆汽车，如果全部替代为锂电池电动车，这就是它的天花板。但是目前来说这个天花板是很难到达的，因为现在新能源电动车的渗透率还非常低，还有很长的路要走。我们还应该看到，无论是在储能领域还是在消费领域，用锂电池来储能是一种主流趋势，所以整个锂电池行业空间还是非常大的。在锂电池产业链里，不管是钴、锂等能源金属还是其他材料，都有着比较广阔的价值空间。

姚振山：新能源汽车产业链上有钴、锂，正、负极材料，电解液，隔膜四大材料，还有据说今年缺货比较厉害的铜箔算是第五种材料，还有电池设备、电池、整车。如果帮投资者选一个增速最快的，是中游的材料还是设备？是原料端还是电池端？

邬博华： 刚才王鹤涛讲到 α 和 β 的概念。就我的理解，β 指标反映增速受行业发展好坏的波动影响，α 指标反映增速超出了行业发展的水平，也就是说其发展程度更好。你刚才提到的就是选择增速更快的环节的问题。从整个锂电池产业链来看，锂电池增速会比整车的增速快。锂电池产业链所有的原材料，从耗料的角度以及需求和供给的角度来讲，增速差不多一致，具备 β 属性。然而大家会看到，全口径锂电池有 45%～50% 的增长，动力锂电池却有 70% 的增长。按照常理来讲，如果不出现大的技术革新和产品结构变化，上游对应的钴、锂，中游对应的锰酸锂、磷酸铁锂都会紧缺，价格会比较稳定，甚至有可能出现涨价。这个时候动力锂电池行业的 α 属性就非常明显。

姚振山：今天新能源整个板块跌幅比较大，这只是长周期里面的一个小波动，那么短周期怎么看？比如怎么看三五天里面电动车产业链的走势？

邬博华：对我们做研究的来讲，判断一两天的走势比较困难，即使是机构投资人也很难判断一两天的波动。研究肯定要做两件事：一是着眼于中长期的行业趋势和公司的价值；二是在这个过程中寻找胜率相对高一点的结果，而不是胜率百分之百的结果。如果让我预测两三天的走势，这有点像让我掐指一算，是不靠谱的。

姚振山：我问你这个问题就是希望你说出这句话。看股票的时间太短，可能会错失分享整个产业大增长红利的周期。你刚才已经讲得很明白了，这是一个大周期，看两三天行情，跟算命没有什么区别。你刚才的回答，我觉得非常好。

寻找细分行业里的投资机会

姚振山：你们的策略报告里有一句话非常重要——寻找细分行业的投资机会。到底哪些细分行业领域里的投资机会更大？能不能给大家一个标准或者筛选体系？怎么筛选一些细分行业的投资机会？

包承超：这两年市场的整体性机会相对偏少，更多的是结构性机会，这种结构性机会更多的是在细分行业里。如果没有强大的投研团队，在各个行业里面自下而上找细分领域的结构性机会的难度是很大的。我觉得可从四条链条来寻找细分行业的机会。

第一条是出口链。过去一年受疫情的影响，全球其他国家的供应链出现了问题，或者说供给出现了问题，国内制造业复工比较快，向全球供给了很多生产材料。国内制造业的竞争力在不断地提升，甚至可以说中国制造业的韧性和完整性促使其全球竞争力提升。这也意味着部分行业出口链长期增长的条件是具备的，出口链可能继续向好。具体来讲，一是要找海外对中国依赖度比较高的行业，二是要找海外没有库存或需要补库存的行业。这些行业里面就存在一些细分的结构性机会。

第二条是修复链。一些行业在 2020 年受疫情的影响很大，疫情后修复链里面也有不少机会。最近，服务业、航空、机场等板块在涨，数据也在改善。2021 年中后期基本面机会更强，这里面也能够挑出来不少的细分行业，比如电子品、化工品、机械品。

第三条是供给链，我们也称之为供给侧出清。传统行业，包括资源品、原材料以及最普通的工业品，一旦供给侧慢慢出清以后，头部公司的赢利能力都会比较好。一个简单朴素的逻辑就是：这个市场玩家越来越少，市场还摆在那边，胜者为王的逻辑表现比较强，有不少的细分行业值得关注。过去几年工程挖掘机、白酒、白色家电都属于已经走过来的行业，未来很多行业，包括汽车上游、纺织服装上游都存在较多的细分机会。

第四条是新兴行业链。如果纯粹从成长性角度来看的话，前面三条推演出来的可能更偏向于传统行业，而第四条则偏向于纯新兴行业，包括电动车、军工、半导体等，机会非常不错。无论是总体产业政策的持续推进，还是产业自身景气度的提升，前景都清晰可见。第四条表现出来的成长性很强，这里面能找到不少细分机会。

姚振山：我总结一下，你讲到四条链，出口、修复、供给、新兴行业。每条主线上，给我们推荐两个行业，让大家可以优中选优。

包承超：出口链有两个行业可以重点关注，一个是家电，一个是电子元件。修复链，建议大家关注化工跟机械，当然化工和机械里面细分品类也比较多，纺织方面大家可重点关注上游，机械品则更多关注跟海外需求挂钩的那些。供给链，建议大家关注两个小行业——汽车零部件以及肉制品。新兴行业里面建议大家关注电动车、军工。

个股型投资和赛道型投资的逻辑

姚振山：三位谈了这么多，都是在你们研究的领域里面给大家找细分行业的机会。长江证券这几年研究实力在提升，拿了很多奖项，这是不是跟研究所构建了一个新的研究体系有关？我相信徐春肯定深有体会。你们现在的研究体系是从赛道研究入手吗？以前大家都愿意从个股入手找到黑马，现在是不是都在强调买赛道？这是不是你们的特色？

徐　春：为什么最近大家对赛道特别关注呢？从过去两年市场的表现来看，大家会觉得买赛道比买个股重要得多，当然无论选择赛道还是选择个股都可以。但是赛道型投资和个股型投资存在不同的逻辑，我们需要从整个产业链的生命周期来理解，因为任何一个行业都有其赛道的整体的景气爆发性。比如水泥、钢铁、银行以前都是赛道型投资的典范，是典型的成长性行业。2016 年之后，这些行业的上市公司的股价出现了特别大的分化，有些公司表现特别好，有些公司稍微差一点，个股的 α 属性就出来了。

我们以市场关注度比较高的消费股为例。人均收入的不断提高使人们增加了对高品质生活的需求，消费领域中出现了新人群、新渠道、新品类、新的消费趋势，所以我们看到在小家电、医美等细分行业中个股的机会要大于行业的整体机会。从全球优质消费股的生命周期来看，很多消费品的优势在于行业竞争格局，这跟新能源车很像。现在是群雄混战，一旦整个行业的竞争格局理清之后，头部企业的长期价值就会显现出来。近些年经济增长中枢在往下游走，在细分领域一些消费品的增速在逐步放缓，这意味着赛道的重要性在降低。但是在行业竞争格局逐步清晰之后，投资者开始给予一些盈利比较确定的龙头一些溢价，所以投资和研究都倾向于对企业的长期价值做出一个判断。在去年的疫情影响下，一大批优质的消费个股虽然短期受到了冲击，但是投资回报仍然非常可观，比如白酒、家电、家居的头部公司的个股。

究竟是选择赛道还是选择个股，这个问题本质上还是取决于行业处在什么成长周期，以及投资者对于不同风险偏好的把握。赛道型投资适合生命周期处于行业前期的成长性企业，比如新能源汽车、半导体等，行业处于高景气、高成长阶段，竞争格局也还不太清晰，只要投资者买对了赛道，大概率可以获得不错的收益。但是赛道型投资也存在一定风险，需要密切关注这个行业的景气度，行业景气度一旦发生变化，亏损的压力就来了。从本质上来看，赛道型投资赚得更多的是 β 属性的钱；个股型投资更多的是选择在生命周期中后期的成熟行业，其特征就是行业的成长性并没有那么突出，但是行业竞争格局比较清晰，龙头公司的竞争优势比较明显。

从长江证券研究的角度来说，我们的行业配置比较全，30 多个行业，完成了全行业覆盖。对赛道和个股，我们在研究中没有厚此薄彼，也没有孰优孰劣之分。

姚振山：总结一下，2021 年或往后几年买股票的时候，假如你喜欢买个股，就要找到细分行业里面真正的龙头，甚至未来会成为世界级龙头的公司，找到了肯定能赚到钱；如果买赛道，

就得买类似于新能源、半导体、军工等产业周期向上的赛道，买对了大概率也不会亏钱。是不是这样一个道理？

徐　春：是的。

姚振山：2021 年什么赛道值得配置？这个问题有点大。

包承超：其实赛道的配置更多是基于行业成长性。从我们的策略框架来看，如果你关注需求端，就要关注需求不断增加或者爆发性比较强的行业。建议各位投资者重点关注电动车、军工和半导体国产化产业链里面的一些机会。

姚振山：最后，2021 年你们对投资者有什么建议？要注意一些什么问题？

徐　春：中国企业的全球竞争力在提升，全球市场制度建设愈发完善，市场投资理念偏向于长期价值投资，所以权益投资大时代即将到来。从总量到结构，长期做多中国也是一个必然趋势。

包承超：从自上而下的角度来看，中国经济发展模式正在转型，目前处于从高速度发展向高质量发展转型的过程当中。我国资本市场也受到宏观经济的影响，这几年资本市场制度、市场结构特点都在发生很大的变化。展望未来，我们认为拥抱权益资产的大时代即将到来。居民资产，尤其是家庭资产，配置结构可能越来越倾向于权益市场，权益资产的比例也会逐步提升。

王鹤涛：我送给投资者一句话，投资不等于投机，要淡化博弈，真正选择各个产业里面最优秀的头部公司，跟它们一起成长，这是未来权益时代最值得重视的原则。

邬博华：我是电力设备与新能源的研究员，负责长江证券研究所制造业这一块的研究。未来我看好制造业，具体比较看好以电动车、光伏为代表的能源革命这样一个方向。所以我要给各位投资者说两句话：第一是聚焦制造业崛起；第二是拥抱新能源革命。

主持人手记

选择赛道型投资还是个股型投资，是在股票投资方面一直被关注和讨论的问题，实际上也是几个研究小伙伴不约而同谈到的偏重企业内生性发展还是紧跟行业趋势发展的问题。徐春的逻辑非常清晰，赛道型投资适合新兴产业和高速增长行业，而个股型投资应该关注相对成熟的、市场竞争格局已经基本明了的行业。按我的理解，赛道型投资容易产生高收益倍数的股票，但是由于行业发展格局未定型，股价波动率也大。而个股型投资，抛开事件性影响带来的井喷式或者间歇式行情，处于行业头部的龙头性公司，容易带来长线稳健的收益。可以比较一下过去这一年半导体这个赛道型投资和消费类的个股型投资，它们可以作为例证。

PART

9 长牛周期，蓄力之年

张　琳 vs

东方证券研究所所长　陈　刚

东方证券研究所执行董事
首席战略分析师　孙金霞

东方证券研究所董事
首席策略分析师　薛　俊

东方证券
ORIENT SECURITIES

研究如习武，与天时竞争，日久功深；市场如江湖，与心性竞争，惟精惟勤。从 2006 年至今，东方证券研究所深耕卖方研究业十余载，抱朴守真，积厚成器。在 2020 年度“机构投资者 · 财新资本市场分析师成就奖”评选中获得“最佳分析师团队”第五名、“最佳销售团队”第三名的好成绩。此外，研究所在证监会认定的分析师评选如“中国基金业金牛奖”“新财富最佳分析师”“卖方分析师水晶球奖”等中均获奖项。研究无止境，市场涨落少坦途，东方证券研究所坚守初心，将持续为客户、为投资者创造更大价值。

陈　刚

东方证券研究所所长

中国科学技术大学管理科学与工程博士。他拥有 18 年从业经验，先后任职于中原证券、上海融昌资产管理有限公司、光大证券研究所，曾获上海市青年五四奖章，并获得“新财富最佳分析师”电子行业第一名。

孙金霞

东方证券研究所执行董事、首席战略分析师

浙江大学经济学学士，牛津大学管理学硕士，获英国外交与联邦事务部志奋领奖学金（Chevening Scholarship）。先后任职于国内顶级媒体机构、光大证券研究所，曾获上海市金融系统五星级优质服务标兵、“新财富最佳分析师”等称号。

薛　俊

东方证券研究所董事、首席策略分析师

日本埼玉大学工商管理学博士，有 14 年 A 股策略研究经验。先后任职于长江证券、中信证券和光大证券研究所，擅长从基本面、政策面和技术面等方面综合分析市场，对 ESG 有深度研究。

❖ *中国股市面临着一个长期的格局，就像 20 年前的楼市一样，处在一个长期上涨的初始阶段。*

❖ *长期牛市有三大特点：第一是投资机构化；第二是企业头部化；第三是业绩驱动化。*

❖ *今年是非常关键的蓄力之年，如果股市这头“牛”能蓄好力，后面会走得更好、更稳，如果没有蓄好力，就会摔跤。*

❖ *蓄力之年的投资策略共八个字：坚定信心，降低预期。*

❖ *第四次工业革命是一个巨大的机会，对我们投资选择非常有帮助。*

❖ *大赛道、高增长、小市值的这些细分龙头接下来有很大的挖掘机会。*

❖ *莎士比亚说过“一切过往皆是序章”。军工涨得好的核心逻辑是三个字：有业绩。目前军工可以用八个字来形容：战略高地，价值洼地。*

❖ *各行各业都会有好的企业，它会被埋没一时，但不会被埋没一世。*

❖ *以机构投资者为代表的与国际接轨的投资理念是对的，我们沿着这条路走是正确的，只要这条道路是正确的，我们就不用担心。*

❖ *人生也罢，投资也罢，很多事情就是这样，我们一方面要相信变化，一方面也要坚持正确的选择。*

❖ *短期投资和长期投资以及炒概念和价值挖掘并没有好坏之分，但是对于一般投资者来讲，如果你能够把周期拉长，市场会给予你更多、更持久的回报。*

火爆行情开启长牛周期

张　琳：2021 年开年行情实在太好了，今天（1 月 12 日）沪指时隔 5 年后收复了 3600 点大关，创业板涨幅接近 3%，两市成交额再破万亿元，整个市场氛围非常活跃。开年行情为什么会这么火爆？

薛　俊：促成 2021 年开年火爆行情的原因有三点。第一，中央经济工作会议明确提出宏观政策要保持连续性，不急转弯，一定程度上消解了市场对货币收紧的担忧。第二，大家对经济复苏的预期比较高，尤其对今年一季度上市公司的业绩预期比较高。第三，基金发行非常火爆，今年一开年就有很多爆款基金迅速被一抢而空。我认为这三个因素叠加促成市场行情一路向好。

孙金霞：我觉得开年比较火爆的行情也反映了投资者对我们资本市场制度建设和长远发展的信心。从 2020 年年底以来，我们看到监管部门传递出的信号是资本市场的相关制度改革在持续深化，A 股市场的国际化进程正稳步推进，IPO 注册制会继续推动，未来会向中小板渗透。我觉得无论从国内还是国际来看，这些都体现了大家对中国资本市场发展的信心，对中国企业的信心。

张 琳：大家会不会过于乐观？市场会不会过热？基本面上到底有没有支撑？

陈 刚：我并不认为大家对经济太乐观了。我们对 2021 年的定位是“双高”和“双低”。“双高”指的是高增长和高估值；“双低”是指低风险和低收益率。所以我个人觉得与其说现在经济被高估了，不如说是估值有点贵，经济发展的基本面问题不大。

张 琳：东方证券对 2021 年 A 股市场的总体判断为“蓄力之年”，这个判断从何得出？

陈 刚：“蓄力之年”是我们率先在市场上提出的，完整的表述是“长期牛市，蓄力之年”八个字。短期行情有不确定性，但是长期趋势可以分析判断。我们认为中国股市进入了一个长期牛市，主要理由有：第一，比较宽松的货币政策；第二，比较完善的制度与法治建设；第三，不断改善的上市公司基本面；第四，以基金公司为代表的机构，确立了与国际接轨的新的投资理念；第五，居民理财需求上升，基金已经是居民理财最适合的产品之一；第六，国家对资本市场的重视。所以说中国股市面临着一个长期的格局，就像 20 年前的楼市一样，处在一个长期上涨的初始阶段。

张 琳：长期牛市正式开启了吗？你们的策略报告还提到了一个过渡期，所以到底该怎么定义“长牛”？如果有的话，这一轮的牛市周期会有什么表现和新的变化？

薛 俊：中国资本市场近 15 年来经历过两轮牛市，一轮在 2005 年—2007 年，还有一轮在 2013 年—2015 年，老股民对此应该印象深刻。这两轮牛市主要是由金融创新政策叠加降息推动的，它们有一些共性。第一，牛市持续时间都在 3 年左右；第二，股票的涨幅有大有小，当时小股票涨得好；第三，机构的力量还不大，从总市值占比来讲，当时机构数量还是个位数；第四，这两轮牛市受金融政策的影响比较大，第一波是股改，第二波是金融创新。

目前这一轮行情，其实从 2019 年就开启了，很多蓝筹股或者龙头股启动的时间更早，像茅台从 2016 年就开启了，所以说这一波行情，市场的持续力比较强，而且更加立体。一是我们国内经济产业现在正处于一个加速转型期。二是金融政策支持。主要是证监会鼓励长期投资、重视上市公司治理、强化信息披露等政策导向，将进一步促进上市公司做大做强。三是全球共振。全球进入低利率时代，也使得大量资金流入权益市场。四是全球产业转型。疫情催化了新技术的发展，也改变了人们的生活、工作方式。2021 年是“十四五”规划的开局之年，这期间伴随产业转型会有很大的投资机会。

此外，中国已经是全球第二大经济体，占全球经济比重升至 17% 左右，而 A 股占全球股市比重只有 5%，这是极其不对称的。同时周边国家资本市场的外资持股比例差不多是 30%，而 A 股外资持股比例在3%～3.5%，中国资本市场红利还在持续。而国内产业集中度的提升、金融政策的支持、居民资产配置从储蓄向投资的转化，包括股票预期收益率高于债券市场等一系列因素，都将使我们这一波牛市持续得更长。

张　琳："长牛"有没有可以量化的指标？

薛　俊：我们有一个标准，所谓"长牛"，就是指数能长期上涨，将年投资回报率平均分摊下来有一个基本数据，可以用来判断这是不是一个长期牛市。如果用国际上的标准ROE来划定，好公司平均的ROE水平基本上是8%，中国可能要高一点，接近10%。那么就可以这样定义：如果每年能够有10%左右的投资回报率，我们就认为这是一个很好的市场。

从目前来看，这个标准其实是比较低的。就指数而言，创业板是2020年全球最赚钱的市场。2019年、2020年这两年的综合回报率达到了140%，平均回报率超过50%。所以如果你用10%和50%对比，肯定觉得低了。但如果从长期收益率来看，比如放在10年甚至20年的周期里面来看，它带来的回报其实是持续的，肯定要比GDP的增长高。

张　琳：长期牛市接下来会如何演绎？

陈　刚：长期牛市有三大特点。第一是投资机构化。未来A股市场将以机构化投资为主。第二是企业头部化。我记得10年前，前十大房地产公司的市值占比是8%，而现在将近30%，头部化趋势非常明显。未来各行各业都会冒出真正值得投资的头部企业。第三是业绩驱动化。业绩越好的股票涨幅越大，好股票会持续上涨。

这个长期牛市也将面临三大挑战。第一，机构的业绩能不能持续向好？毕竟基金已经牛了两年了，市场上有一种说法，“基金牛不过三”，基金业绩到了第三年还能不能维持一个比较好的增长是非常关键的。如果 2021 年机构业绩还能维持好的增长，说明基金就是非常好的投资品种，所以各家机构现在不一定要收益率特别高，但一定要稳。

第二，在企业头部化趋势中，头部企业地位是否巩固？我们见过很多伪头部的企业，一遇到外部的冲击就会迅速垮塌。毫不夸张地说，我们很多互联网巨头都面临着很多挑战。所以头部企业是否稳固也要经过时间的检验。

第三，股票估值高怎么办？这是个非常现实的问题。我们的股票确实贵了，估值暂时可能无法消化，这是目前最大的问题；但我们也要看到变贵了并不是变坏了，好公司只是相对估值高了，基本面仍非常好。我们买股票有一个基本原则，买贵了不怕，就怕买错了。机构就是这样操作的，短期估值比较高，就用时间换空间。所以我们提出“蓄力之年”，2021 年要积蓄力量，要调整，要消化估值，要提升业绩。

蓄力之年的投资策略

张　琳：具体来说，蓄力之年该怎么做？蓄什么力？

陈　刚：蓄力之年的投资策略共八个字：坚定信心，降低预期。一方面要坚定信心，一定要坚定对中国资本市场的信心，对中国股市中长期的信心，也要坚定对好的上市公司的信心；另一方面要降低预期，不可能每年都这样涨，估值也不可能一直保持这么高。所以在蓄力之年，我们要积蓄力量，解决问题，为后面持续的上涨储备力量。

具体来讲，有五个方面需要我们重视。

第一，市场高估值的有效消化。我们预测2021年国内GDP将增长8.2%，整个上市公司业绩将增长24%，这样的业绩增长可以消化将近1/3的估值，龙头企业的业绩可能增长得更快，估值下降也会更快。

第二，宏观政策回归正常。比如，2020年我们的赤字率是3.6%，2021年预计会降到3%，政策不会一直宽松下去。

第三，产业政策要转化为企业业绩。国家在供给侧、需求侧、内循环等方面，推出了很多产业政策，考验我们的是如何将其真正转化成企业的业绩。

第四，龙头企业的确立。经过蓄力之年检验过的企业才是真龙头，龙头地位会得到进一步确立。

第五，赛道的验证。以前好像选一个好的赛道就可以躺着挣钱，实际上好的赛道也有可能是坏的赛道。2021年赛道会被重新验证，可以看看到底哪个赛道能实现高增长和快速发展。

所以今年是非常关键的蓄力之年，如果股市这头“牛”能蓄好力，后面会走得更好、更稳，如果没有蓄好力，就会摔跤。

张　琳：在这样一个格局之下，对于普通投资者来说，是确定性的机会更大了，还是操作更困难了？投资者要把握哪些核心问题？

孙金霞：基于长期牛市的判断，我认为对于普通投资者来说其实机会更为确定了，因为任何投资机会都离不开一个更为广阔的宏观背景，而我们现在正处于这样一个宏观背景之中。前几天和一位从事国际投资的朋友交流，他提到目前全球配置的基金中，50% 左右的比例都配置在了美股，配 A 股的少，像他一样配置 10% 左右在 A 股的已经非常罕见了。也就是说，A 股未来会面临全球资金配置的大空间、大格局。

我觉得从战略视角来看，对于投资者而言，有三个层面需要把握。

第一个层面，世界还没有真正走出疫情，从宏观判断讲，作为投资者必须关注各国疫情动态以及各国的防控政策。

第二个层面，美国新一届领导人开始执政后，会不会逆转特朗普时期的相关政策？会有哪些新的变化？会对 A 股哪些行业产生影响？

第三个层面，中央政治局会议和中央经济工作会议中有关产业政策的规划和顶层战略部署，各位投资者需要反复体会、理解和把握。

张　琳：东方证券此前提到过“第四次工业革命”到来的概念，并以此来判断股市上涨的趋势，该怎么理解？由此衍生出来的投资机会在哪里？

陈　刚：这确实是很有意思的提法，前三次工业革命，第一次是蒸汽机，第二次是电力，第三次是计算机技术，第四次是什么？到现在都没有一个明确提法。第四次工业革命涵盖面太广了，大数据、人工智能、新材料、量子信息、清洁能源、生物技术、新一代国防技术等都属于这个范畴。第四次工业革命的核心，我觉得就是利用数据和算法的优势提高效率，降低成本，解决整个资源不足的问题以及人类目前面临的诸多问题，比如老龄化、环境污染、社会矛盾等。所以其实可以说它涵盖了投资的所有领域和方方面面，确实值得我们思考。

第四次工业革命为什么能指明这次牛市的投资方向呢？因为科技是永远的赛道。我前段时间看了一本书叫《西方将主宰多久》，是一位美国著名历史学家写的。这本书有一个大胆的假设：2045 年人类将迎来一个大奇点，计算机将完全能够解析所有的思想，人类的思想和机器的思想可以打通，人机结合，世界进入全新时代。我不知道 2045 年奇点是否一定会到来，但我相信科技永远是我们投资的赛道。

比如从 20 年前的太阳能到 10 年前的风能，到现在非常热的新能源，这条赛道应该是 50 年的长期赛道，它就是第四次工业革命带来的一个能源的变革。我从 18 年前入行开始就研究新能源，将近 20 年过去了，这个行业依然非常热，我相信至少还有 30 年，到实现碳中和（中国是 2060 年，西方是 2050 年），整个新能源投资才会告一段落。

再举一个例子，比如量子科学、量子计算机，它们一定是未来颠覆性的技术，虽然目前规模非常小，但值得重点关注和思考。所以第四次工业革命是一个巨大的机会，对我们投资选择非常有帮助。

关注三大投资主线

张　琳：东方证券研报建议 2021 年关注三条投资主线：业绩改善主线、政策确定主线和细分龙头主线。围绕这三大主线，哪个行业及板块会带来更确定的或者更高的收益？

薛　俊：选股的思路一是要看时代背景，二要找选股方法。

从时代背景看，受益于国家政策鼓励，很多公司在跨越式增长，还有不少新兴产业在不断发展。从选股方法来讲，就是选好公司。好公司的评价方法可以概括为两类，一类是我们看得见的财务指标，比如净资产收益率、净利率增速等；一类是我们看不见的非财务指标，像公司治理、技术研发权重等。我们在选股票时，这两类都要兼顾。

接着我们再去考虑公司所处的赛道、长期增长空间和受益的政策，还有它在行业中的地位。2021 年我们会更重视估值以及估值与业绩的匹配度。

如果要从每个主线里筛选的话，首先选业绩改善弹性大，估值相对比较合理的，像汽车整车、有色金属等板块。其次选政策确定性比较高，业绩增长又比较稳定的，这是我们相对最看好的一个主线，包括军工、新能源和新能源车等，而后两者也在国际共振的范畴之内。还有一个新的亮点，我们认为 2021 年中小市值股票里非常有可能会有很大的挖掘机会。我们做了一个统计，截止到 2021 年 1 月 12 日，A 股总市值达到 90 万亿，4000 多家公司中，500 亿市值以上的公司其实仅占了不到 10%，中小市值股票仅占到总市值份额的 40% 左右。这些股票并不是业绩不行，而是它们的研究成本相对比较高，在整个市场上涨空间中并没能引起大家注目，所以我们认为，像大赛道、高增长、小市值的这些细分龙头接下来有很大的挖掘机会。

张　琳：消费就是刚刚说到的政策确定主线之一。最近的中央经济工作会议首提需求侧管理，消费领域是不是更加体现了需求侧推动带来的业绩变化和投资者选择的变化？

孙金霞：需求侧管理对中国来说太重要了。在消费领域，中国经济不断出现令人激动的现象，比如说线上消费，还有疫情催化下的线上线下相融合。此外，我们还增加了公共消费、夜间消费、绿色消费等。正如一些经济学家所提出的，对中国来说，供给和消费就像车的前后轮，只有和谐共振才能共同带动中国这么大的消费市场。需求侧管理如果需要加点儿润滑剂的话，主要就是扩大居民收入，缩小地区之间、行业之间一直以来的差距，最终使得我们的收入结构可以和人民需求、国家的发展相匹配。

张　琳：军工应该算是业绩改善主线的代表了，陈刚所长是业内第一代军工分析师，还自嘲说是军工行业研究的“幸存者”，今天看军工板块发生了什么样的大变化？

陈　刚：莎士比亚说过一句话，“一切过往皆是序章”。军工股涨得好的核心逻辑就三个字：有业绩。

军工有过两波比较大的涨幅，第一波是 2005 年—2008 年，那波涨幅基本上是以炒概念为主，但解决了军工的估值问题。第二波是 2010 年—2015 年，当时主要是炒资产注入，也炒重组，解决了军工的一个根本问题：资产。

从 2020 年开始，军工进入新的一波牛市周期，这次解决了业绩的问题，军工进入价值投资新时代。我有一个大胆的判断，未来 3～5 年，军工企业一是订单不少，二是业绩不缺。

张　琳：但很多投资者会好奇，为什么军工一夜之间就有了业绩？

陈　刚：军工企业的业绩不是无缘无故来的，主要有四方面的原因。

第一方面，过去三年的军改使得很多军工订单往后延了，军改过后对于军工产品的需求量是非常旺盛的。

第二方面，过去几年军工企业技术和产品质量进步突飞猛进。我们空军最新发布的空军飞行员招聘广告中，就隐含了大量产品、技术信息，很多发动机、飞机都上了一个新台阶。一个行业有产品，又有需求，二者结合肯定是爆发式增长。

第三方面更值得关注，就是我们现在面临百年未有之大变局。有人把新冠肺炎疫情比喻成第三次世界大战，虽然不太贴切，但疫情确实加速了这场大变局，国家安全变得至关重要。

第四个方面可以用八个字来形容：战略高地，价值洼地。军工的战略性人尽皆知，军工的价值洼地也超出想象。2019年整个军工市值才9600亿，上市公司融资才61亿，军工上市公司在资本市场基本丧失了融资能力，军工行业基本上被市场抛弃了，就连成建制的军工分析团队也找不到几个。军工市值如此之低，这与它重要的战略地位严重不符。在目前整个金融为实体服务的大背景下，军工应该是值得资本市场高度重视的一个板块。

所以军工行业的业绩不是一夜之间出来的，是经过多年积蓄，到这几年才爆发出来的。不论是从历史还是从未来的发展，不论是从目前整个行业的基本面还是从整个市值角度来说，军工在未来两三年都是一个非常好、非常值得投资的板块。

张　琳：来回答一个网友的问题，传统制造业和光伏产业在未来5年，哪个发展机会更大？

薛　俊：我先来抛砖引玉，我认为这两个行业都有很大的机会。传统制造业其实涉及的范围很广，其中有一个非常大的红利，就是行业的产业集中度在提升。举一个例子，比如在工程机械行业中像三一重工这样的公司，其实非常传统，但是它的涨幅也不比光伏弱，就是因为它把公司战略调整到更加符合未来发展的方向，同时又可以获得国内产业集中度提升的红利。所以我们认为，现在挑选股票或者投资不能一概而论，需要找到标准来判断。

说到光伏行业，我们认为未来会有长期的发展。碳中和是能引发国际社会共振的未来社会发展的大趋势，它确确实实是在创造价值，不仅能实现净利润的高增长，还能推动社会的发展和进步。

陈　刚：我一直有一个观点，最终还是要选择好的企业。各行各业都会有好的企业，它会被埋没一时，但不会被埋没一世。

我还想说的是，每个行业都有它的周期，只是周期有长有短罢了，所以我们看一个行业的眼光如果更长远一点，特别是作为一个分析师跟踪更加紧密一点，中国资本市场始终有很多值得我们去挖掘和投资的优秀企业。

A 股国际化是一种必然

张　琳：有网友问，目前 A 股是不是有美股化和港股化的趋势？能不能给大家普及一下过去 10 年，美股和港股都有什么样的特点？

薛　俊：应该说国际市场上的投资理念是趋同的，评价标准是比较接近的，它们的投资方法就是我们刚才说的那些，你要界定这家公司是否能够长期可持续发展，不能只看一个季度或者两个季度的业绩，而是要看三五年的业绩能不能持续。此外，还要看公司治理是不是越做越好，技术研发是不是符合未来的需求等。

从这一系列的标准来看，这两年中国公募基金的选股标准在急速靠拢，相对而言 A 股前 10 年到 15 年，主要是炒预期、炒业绩、炒概念，甚至炒壳，并不在乎公司本身的价值。今天中国股市港股化、美股化的趋势正在进行中。

美股化、港股化之后，我们可以看到现在市场给龙头的溢价比较高，市值越大的公司给的估值越高，其次大家形成了一些价值投资的标准，还有就是个股之间的分化非常大，这种趋势未来会持续深化。美国有学者做过统计，大概从 1928 年开始，美国一共上市了 25000 多只股票，但真正具备投资价值的只有 1000 只股票，只占 4%，其他的股票有的可能退市了，有的是低增长，综合起来也就相当于 10 年期国债收益率的水平。

陈　刚：这个问题我再补充一下，首先港股化和美股化只是一个结果，我们要看到它背后的根本原因。一方面现在中国资本市场实行注册制以后，已经发生了重大的变化，同时我们产业的结构在向头部企业集中，我们的投资结构也在向机构投资者转变，所以港股化、美股化是一种必然。

第二，我们也要看到，以机构投资者为代表的与国际接轨的投资理念是对的，我们沿着这条路走是正确的，只要这条道路是正确的，我们就不用担心。

张　琳：同时这也意味着，我们在向着长牛、慢牛，向着成熟化股市的发展方向前进，最后给我们的普通投资者一些建议吧。

陈　刚：我记得投资大师霍华德 · 马克斯说过一句话，大意是，钟摆不会始终往一个方向摆，也不会停留在原地。我在后面又加了一句话：钟摆又会回到原来的地方。说得直白一点，就是市场投资会热，但它不会永远热，也不会停留在一个地方。所以当事情发展到一定阶段的时候，它一定会出现调整，一定会出现变化，我们要相信变化早晚会到来。

但是比变化更重要的是正确，如果你选择的股票是正确的，如果你的投资方向是正确的，如果你的投资理念是正确的，你就不会害怕这个变化。虽然短期估值会过高，回调会过深，但只要你是对的，就要相信钟摆一定会回到它原来的位置。人生也罢，投资也罢，很多事情就是这样，我们一方面要相信变化，一方面也要坚持正确的选择。

孙金霞：接着陈所长“坚持”二字我也表达一下我的祝愿。我记得有一位美国观察家在 2018 年之后一直在观察中国的各种发展，他讲过一句话：“中国人的可怕之处和力量在于，他们有钱、有人、有长远规划，还有耐心。”我们今天的主题叫作“蓄力之年”，我就想借这个关键词祝愿大家：蓄势在牛年，收获在长久。

薛　俊：我们研究所的人都喜欢看书，我最近在看高瓴资本创始人张磊先生写的《价值》，里面有一句话说得非常好：“方法和策略能战胜市场，但对长期主义的信仰却能够赢得未来。”从投资角度来讲，短期投资和长期投资，炒概念和价值挖掘并没有好坏之分，但是对于一般投资者来讲，如果你能够把周期拉长，市场会给予你更多、更持久的回报。

主持人手记

股市的起起浮浮中，大多数普通投资者都沉迷于短期的波动和收益，这个时候，我们不妨站在原点，拉长一个历史维度，看看当下市场究竟处在一个什么样的历史时点，再来思考和决定我们的投资行为。东方证券率先在市场上提出了“蓄力之年”的判断——2021 年会是一个长期牛市的蓄力之年。A 股历史上出现过的牛市，持续时间几乎不超过 2 年，如果从 2019 年年初算起，这波行情已经走了 2 年的时间了，能否持续走出一个大家期待中的以 10 年为跨度的长牛、慢牛，2021 年是关键的一年。对于长期牛市的定义、特征、挑战，东方证券都做出了非常清晰的描述，而“蓄力之年”的投资策略也非常明确：坚定信心，降低预期。就像陈刚所长提到的“钟摆论”，我们要相信变化，也要坚持正确的选择。明白了这些，再看看当下的市场变化，会不会踏实一些？

PART 10

精准数据重构产业，科技行业全面开花

姚振山 vs

天风证券副总裁
天风证券研究所所长　赵晓光

天风证券研究所商社首席
天风证券副所长　刘章明

天风证券研究所有色金属首席
天风证券副所长　杨诚笑

天风证券宏观首席分析师　宋雪涛

天风证券
TF SECURITIES

天风证券股份有限公司成立于2000年，总部设于湖北省武汉市，是一家全球性、全牌照综合金融证券服务商。在全国重点区域和城市设有18家分公司及超百家证券营业部，拥有包括一家境外子公司在内的多家全资及控股一级子公司，员工人数逾3000人。自2017年起获中国证监会券商A类评级，2019年跃升至AA类评级。天风证券在提供立足全球视野、辐射全国的综合金融服务时，重视承担经济、环境和社会责任，服务实体经济，并致力于促进自身和利益相关方可持续发展。

赵晓光

天风证券副总裁、天风证券研究所所长

复旦大学世界经济硕士，曾任东方证券高级分析师、中金公司研究部副总经理、海通证券研究所所长助理、安信证券研究所所长，曾带领研究团队于2010—2016年连续七年获得新财富本土最佳团队前五名。2010—2016年连续七年摘得新财富最佳分析师评选电子行业第一名，2019年荣获新财富杰出研究领袖。他在第十四届新财富最佳分析师评选中，获得“新财富白金分析师”称号，在第十三届卖方分析师水晶球奖评选中获得金牌领队的荣誉。此外，他还曾获得第九届“中国证券金紫荆奖”年度卓越研究所所长的荣誉。

刘章明

天风证券研究所商社首席、天风证券副所长

上海交通大学会计专业硕士，曾在申银万国证券研究所从事商贸零售行业研究，2016 年 4 月加盟天风证券研究所。在 2014—2017 年的新财富评选中获得前五名，在 2019—2020 年的新财富评选中均获得第一名。在 2014 年的水晶球奖评选中获得第三名，在 2015—2017 年的水晶球奖评选中均获得第二名。在 2015—2016 年的金牛奖分别获得第二名、第三名。在 2020 年获得新浪金麒麟最佳分析师第一名、零售业最佳分析师第一名。

杨诚笑

天风证券研究所有色金属首席、天风证券副所长

同济大学材料学硕士，曾就职于申银万国、湘财证券、光大证券、国金证券、方正证券研究所。他曾获得 2011 年金融界慧眼识券商最受关注有色金属分析师第一名，在 2015 年获得新财富评选有色金属行业第三名、金牛奖有色金属行业第四名、水晶球奖第四名，还曾获得 2016、2017、2019、2020 年新财富评选第二名。

宋雪涛

天风证券研究所宏观首席分析师

美国北卡罗来纳州立大学经济学博士，曾获得 2018—2020 年金牛奖“最具价值分析师”的称号，也获得过 2019 年金麒麟“新锐分析师”的称号，2020 年入围新财富和水晶球最佳分析师、金麒麟最佳分析师，还曾发表了央行工作论文等多篇学术论文，并著有 CF40 金融书籍。

❖ *成长性公司短周期的估值并不是决定投资成败的核心因素，更多的是产业趋势增速。*

❖ *2021 年锂、钴是最值得大家去重视的，因为它有量价齐升的预期，不光有量的增长，还有价格弹性。锂、钴和新能源汽车产业链是 2021 年最值得大家重视的板块。*

❖ *今年对传统制造业来说利润有一个逐渐恢复改善的过程。制造业投资今年预计有 10%～12% 左右的增速。*

❖ *中心化互联网的底层商业模式，如定价排名、关键字购买、品牌的传播等成为制约很多品牌线上发展的一个核心要素。去中心化互联网重构了商品流通的效率，形成了新的商业模式。*

❖ *流量去中心化意味着流量从公域平台开始向基于 IP 和品牌的背后私域流量迈进，流量到哪里，生意到哪里。流量分散过程当中形成新的经济体，如直播电商发展起来了，红人经济、CEO 带货不断出现在我们面前，形成新的商业模式、商业体。*

❖ *未来有 5 个重要的消费电子领域：手机的 5G 化和云化，耳机智能化，手表服务化，电视的社交化，AR 的加速化。*

❖ *新能源汽车比传统汽车多一块电池，电池行业以宁德时代为代表的整个中国造车电池体系已经形成了。以电池为突破口，未来汽车里的精密制造、核心零部件、核心智能化会一个一个打开。*

❖ *新的媒介、新的品牌、新的渠道所形成的新消费，它们有一整套的商业模式变化，从原来品牌中心化的适度分销，到了消费者去中心的基准零售，会涌现出新的模式、新的品牌。*

❖ *一句老话，不要赚最后一个铜板。*

新能源汽车产业链：寻找高景气

姚振山：2021 年开年以来，半导体、新能源车、锂电、光伏、医疗、白酒等板块走势非常强。锂电整个产业链本周一出现大跌，昨天又全线上涨，今天又出现大幅度下跌，行情波动较大，我们先从今天市场上特别引人注目的新能源板块的走势入手，你们怎么看锂电产业链这几天的剧烈波动？

杨诚笑：产业周期从 2020 年下半年开始，整个汽车行业随着需求的增加快速复苏，体现在销量上就是大幅度反弹，进入到双位数增长，特别是新能源车，国内的比亚迪以及合资的特斯拉等车型，自 2020 年下半年以来，无一不受到消费者的热捧。在下游消费的大力支撑下，整个产业链也呈现出资本大量进入该行业的状况，上市公司的业绩出现了大幅度上升。产业链上的正极材料、电解液类企业的业绩呈几倍增长，比较好的产业基础支撑了整个产业链的上涨。

自 2020 年以来的上涨确实也积累了比较大的获利盘，在大涨大跌以及成交量极度活跃的背后，出现了比较大的分歧，这是投资者心态比较矛盾和犹豫的表现。从长期来看，产业趋势还是非常好的，应该说刚刚开始。从2020年年底的数据来看，整个新能源车在全球范围内的渗透率不到10%，当然中国和欧洲的发展是最快的，像挪威等国家新能源车的渗透率已达到40%～50%，英国政府宣布到2030年，就要全面禁止燃油车销售。我们国家虽然没有那么激进，但在过去10年，一直是对新能源汽车产业链补贴支持力度最大的一个国家。

长期来看新能源汽车的大趋势没有任何疑问，无论是消费者，还是产业本身，都到了一个快速爆发的阶段。未来2年左右，新能源车的渗透率会从个位数上升到两位数以上。

另外，我们认为，成长性公司短周期的估值并不是决定投资成败的核心因素，更多的是产业趋势增速。新能源板块短期确实有很大的获利盘，也有固态电池新闻产生的利空扰动，但是产业爆发很确定，产业周期没有问题。

锂、钴是新能源汽车产业链的最上游，作为原材料来讲它们的格局相对比较固化、比较稳定。龙头已经走出来了，在这种情况下，未来10年可能会有一个10倍以上的增量，因为这个产业呈现了高度集中的态势。电池公司过去5年经历了非常大的洗牌，现在在全球范围内，五六家公司的产量占市场60%的份额，宁德时代和比亚迪在国内占了60%～70%的份额。上游格局开始固化，龙头公司的份额在提升，它的量还有10倍增幅，它的份额会从10%扩展到20%，而且跟其他新能源汽车产业链不同的是，它本身还有价格弹性。

2021年锂、钴是最值得大家去重视的，因为它有量价齐升的预期，不光有量的增长，还有价格弹性。过去四五年，这个行业确实经历了一轮非常完整的下行周期，导致很多小企业退出，价格也一度跌到最底部。随着下游 to C 端消费者自动买单驱动，这个行业快速上升，价格从最底部往上走，过去两个月锂、钴产品的价格从历史底部上涨了 50%，锂、钴新能源汽车产业链是 2021 年最值得大家重视的板块。

消费电子产业链的“五化”

姚振山：2019 年、2020 年以苹果为代表的消费电子板块也是你们重点推荐的。进入到 2021 年，消费电子板块很多龙头公司仿佛都在休息。很多人在投电子产业链的时候总有一个心结，这类公司不就是来料加工企业吗？或者说不就是一个零部件的加工企业吗？它的核心技术到底在哪？这个问题很多中小投资者比较关心，因为他们离电子产业链可能比较远，看到这些公司涨这么好，又很后悔没有买入，这个行业未来会怎样？

赵晓光：今年是我做电子产业研究的第 15 年，过去也遇到过像你提的这样的问题，我们借这个机会系统性地回答一下。我们看到电子模组产业市值最高的现在高达四五千亿市值，过 1000 亿市值的差不多有 10 家，过 500 亿市值的大概有 30 家。这些企业到底有没有技术含量？我们应该从以下几个角度进行分析。

第一，技术含量、技术难度是跟“要求”相关的，只是要求把它做出来和要求做成 99.9% 的良率那是不一样的。因为现在手机下游越来越高端化，越来越集中化，主要的客户就6家：苹果、三星、华为、oppo、vivo、小米，当客户要求高的时候难度就加大了，大批量生产时就会有一个良率的控制。

第二，很多电子零部件不是标准品而是非标准品，它们在快速迭代。每年苹果要换一代机型，新的机型对应新的设计，从产品的设计到良率和工艺控制，再到批量化生产，还要考虑成本的节约，特别是现在从4G到5G，对各方面的要求越来越高。这个时候我们就会发现，能够满足这种不断迭代的需求，能够不断地跟着客户一起创新的能力非常重要。

第三，对于电子行业来说，很多零部件看似简单，实则很难，比如说手机摄像头和手机扬声器，都是由8～10个零部件非常紧密地组装到一起的。组装到一起之后，拍摄效果到底怎么样，像素能不能达到非常完美的效果，声音的效果到底怎么样，都是非常精细化的一个事情。我们看到手机的面板、盖板玻璃，前后也要经过十几道工序，这么多年这么多企业前仆后继地做盖板，精度不断地提升；这么多想做声学的，但只有两家供应商成功了，就是瑞声科技和歌尔声学。这些小东西要求非常精细、非常紧密的时候，难度也非常大。综合以上的因素我们可以看到，无论下游模组——ODM、OEM①，还是上游关键材料，这些环节不是谁都可以做的，每个环节当中苹果的供应商只有两三家。

① ODM是original design manufacture首字母的缩写，是指受托厂商根据原厂商的需求，进行产品的设计和制造加工。OEM是original equipment manufacturing的首字母缩写，是指由采购方提供设备、技术并负责销售，由制造方提供人力、场地、从事生产的一种现代生产方式，制造方按采购方的要求在其出售的商品或包装上标明采购方所指定的商标和牌号。

苹果每年10月份开始规划明年的产品，就要找供应商，这个时候会选谁？一定会选以前合作愉快的、有非常好的设计能力的、有非常好的批量生产率的、有良率控制能力的、有成本控制能力的公司。在供应商列表模组领域，国内的供应商过去10年不断地替代日、韩、欧美的厂商，已经形成了垄断。垄断效应一旦形成，大企业反而成本会更低，它们有规模化的采购能力、规模化的研发能力，所以无论在性能上还是成本上，小企业很难跟它PK。

姚振山：站在全球的维度和视野看，未来3年，在企业的收入规模、利润规模以及品牌化方面，中国本土的消费电子或者说零部件企业谁能胜出？买哪种类型的消费电子3年后收益率会胜出？能不能从这两个维度给大家解读一下？

刘章明：其实这两个维度是同一个问题，就是机会在哪里。彼得·林奇曾说过一句话，类似于“幸运而能干的企业”。当我们分析股票，分析好的公司的时候，首先要看哪些行业是有机会的。我们从两个角度来讲。第一个角度，对于消费电子，要看下游的需求，它属于需求创新推动型。在智能手机之前，我们有各种不同的消费电子产品，比如MP3、照相机、U盘、PSP，智能手机把所有的功能集中在手机里，智能手机就干了这一件事情，这就是所谓分久必合。现在5G时代到来，又进入了合久必分的阶段，未来消费电子应该是多点开花。第二个角度就是物联网开始启动，如新能源汽车带来非常大的增量，各种新的消费电子终端也开始启动，这里每一个终端带来的占比，可能5～10个点都不是特别起眼，但是加到一起，就形成比较大的需求。总的来说，在新能源汽车、智能汽车之外有 5 个重要的消费电子领域，这 5 个领域是最重要的看点。

第一个领域，手机的 5G 化和云化。5G 到底给手机带来什么变化，今年通信团队报告称，中国要建 60 万个 5G 基站。未来手机云化，很多处理、存储功能在云端，手机就会变成更好的输入输出终端。举一个例子，在 4G 的时候，拿 10000 元的手机，很多大的游戏却玩不了，因为处理不过来，但是 1000 元的 5G 手机，可以玩魔兽、实况足球。为什么？因为存储、计算都在云端，这是很大的变化。5G 之后，手机会变成非常好的输入输出平台。以手机摄像头为例，现在刚从 2D 到 3D，未来会从 3D 到 4D，到时候我们拍出来的物体是二维甚至三维的。5G 手机有空间了，可以放光谱传感器，利用两个水果表面发出的光谱不同，可以推测含的物质不同，我们可以知道这个水果有没有农药，有没有坏。比如照一下皮肤，可以利用皮肤光谱判断皮肤的属性，这些技术已经有了，以前放不进来，现在可以放进来，5G 给整个智能手机带来的创新空间非常大。

第二，耳机智能化。在过去一年，有一个发展比较好的消费电子就是无线耳机。我们认为未来它会变成智能化的产品，装上各种传感器，测运动、睡眠、健康，这样的话，耳机智能化会推动智能耳机升级。

第三，手表服务化。过去很多人不戴手表，因为过去戴手表只是一种体验，但是我们认为未来智能手表可以提供健康咨询服务，根据心电图可以判断你的心脏病的发病概率有多大，如果发现你连续每分钟心跳200下，可以自动提供救援服务等。

第四，电视社交化。电视过去只是一个媒体终端，从华为电视开始，装上两个摄像头，最终它变成了一个社交终端。拿华为的智能电视来说，基本上移动互联网所有的应用都可以搬到电视端，电视的社交化会带来显示屏行业的大机会。显示屏行业最近表现非常好，面板价格不断地上涨，跟这个有关。

第五，AR加速化。随着LED技术的发展，AR、VR会加速到来，去年索尼和FACEBOOK的VR销量创出历史新高。随着5G的发展，它的内容不断地丰富，体验不断地提升，成本不断地下降，也会带来比较好的机会。

未来的机会不管是白马还是黑马，整体就是在这五个领域产生的机会。

过去10年，以京东方为代表的公司主要做模组，而手机功能由若干个功能性模组形成，摄像头模组、显示模组、马达模组等。模组上游是材料、设备、芯片。京东方在显示面板行业是龙头，一定会本土化采购，做本土材料公司、设备公司、芯片公司，所以这是一个非常明确的趋势。我们最近调研了很多做材料的企业，发现材料产业开始走上替代之路，像当年模组产业替代日本企业一样。

手机的制造模式被汽车领域复制，特斯拉明显复制了苹果当年的路径，不断地导入中国供应商，不断地低价化，不断地创新。全球汽车零部件前一百强企业加起来有7万亿收入，96%不是中国的，未来5～10年这个领域也会出现一些非常好的公司。

姚振山：不断地有新的市场需求被创造出来，所以电子产业链的繁荣不是旧的需求增加，而是新的消费需求产生之后，对人形成了一个强大的吸引力。还有刚才提到的一点，就是手机的这种模式往汽车上再复制，是不是在汽车电子这一块，未来的机会也会很大？

赵晓光：是的，这是非常明确的。特斯拉预测会有 20% 的供应商是中国厂商，未来在上海的工厂一定是 50%、80%、90% 实现国产化，甚至全部国产化。新能源汽车比传统汽车多一块电池，电池行业以宁德时代为代表的整个中国造车电池体系已经形成了，以电池为突破口，未来汽车里的精密制造、核心零部件、核心智能化会一个一个打开。

经济预测从“热”到“温”

姚振山：在天风证券研究所的宏观报告里我看到两个数据，世界银行对 2021 年中国经济增长率的预测是 7.9%，你们的预测是 9.1%，所以你们的判断是基于 2021 年全球各个行业，特别是中国各个行业都出现了复苏，还是基于我们有部分行业的增速会超越整个市场的预期？

宋雪涛：9.1% 的增速在同行预测里并不算特别高的，各个机构的预测基本上在 8%～9% 之间，9% 偏乐观，世行预测的 7.9% 偏低。我们认为 2021 年 9% 以上的增速有 2020 年低基数的原因，2020 年 GDP 的增速是 2.3%～2.4%，如果算上 9.1% 的话，平均下来就是5.6%～5.7%，这个水平还是比疫情之前低一些，所以在低基数的情况下，9.1%的增速并不是非常高的。相比2020年而言，2021年的市场结构是有亮点的。第一就是消费，今年的消费增速预计大概是15%～16%。一方面和低基数有关，另外跟居民收入有关系。疫情之后经济发展速度比较缓慢，而且是持续的，会延续到2021年。消费里面和服务相关的，比如酒店、餐饮、旅游、航空等有一个比较大的提升空间，相信大家在去年下半年已经感受到了服务类消费回暖的过程。疫情期间必需消费品没有受到太大的影响，消费电子、家居这一类的消费水平也一直很高，但是一些纺织服装、珠宝，也就是和收入相关的可选消费品没有完全恢复正常，家具跟家庭装修有关系，这也是今年消费可以改善的一块。

在制造业里，制造业分两种，一种是高技术产业，一种是传统制造业。高技术产业，无论是新能源车产业链还是光伏设备，在2020年疫情期间没有受到太大影响。另外像消费电子以及电子信息技术类跟高技术产业相关的，在2020年还保持了大概15%左右的增速。传统制造业受疫情影响较大，整个利润在上半年出现了比较明显的负增长，下半年有一个填坑的过程，这个过程还会延续到今年上半年，企业的资本开支滞后于企业利润恢复，今年对传统制造业来说利润有一个逐渐恢复改善的过程。

去年下半年，因为海外疫情，中国出现了非常明显的出口增长，对出口行业来说，目前产业利润率处在高位。制造业今年有进一步进行资本开支，包括加速折旧，进行技术改造的空间，制造业投资今年预计有大概10%～12%左右的增速。所以这两个行业能够支撑2021年中国经济继续保持复苏，也是中国经济同比增速相对比较高的原因。

还有一个比较小的原因就是出口，出口去年下半年表现非常好，特别是去年年底，出口增速已经到了 20% 以上，主要原因还是因为疫情错位，海外有需求，但是供给不足。目前来看，疫苗接种进度缓慢，会持续到今年第三季度。中国出口维持较好增长至少要持续半年，甚至三个季度以上，基本上保证了前三个季度经济增速环比意义上不会出现较大下滑，同比实现 9% 的正增长，两年平均下来达到 5.5%～5.6% 的平均水平，其实并不算太难。

姚振山：2021 年增速 9.1% 跟 2020 年比是基数太低造成的，2020 年的增速是 2.4%，是不是意味着 2022 年这个增速会往下走，变成 5% 或者 6%。

宋雪涛：一定的，因为 2021 年是中国经济恢复正常的一年，低基数下出现了同比非常高的增长。一季度模型预测同比增速超过 20%，但这并不代表中国经济出现非常明显的过热，或者超过了潜在增速。2022 年会在 2021 年正常基数的情况下增长，我们预测增速在 5%～5.5% 之间，基本上符合新冠肺炎疫情之后中国经济潜在的增速水平。

互联网：流量去中心化

姚振山：你们的研究报告提到，2021 年商业服务有一个去中心

化的趋势。1992 年左右，是实体渠道中心化时代，蒙牛、伊利、双汇这类公司有比较大的长线大牛的投资机会；2008 年左右是互联网中心化时代，韩都衣舍、南极人等电商品牌依靠互联网平台崛起；2015 年以后进入流量去中心时代，什么叫作流量去中心化？A 股中哪些细分行业，或者有哪些子行业有比较大的投资机会？

刘章明：流量去中心化是我们在观察互联网流量变化当中发现的一个比较重要的趋势，在这个过程当中，有越来越多的新锐品牌不断地涌现，比如完美日记、拉美拉、王小鲁等，它们相比实体渠道成长的品牌，以及互联网平台形成的品牌，崛起时间周期大幅度缩短。它背后的整个商业逻辑到底是什么？是基于商品与消费者之间的效率的提升。一方面是通过分散化的流量，缩短了品牌和消费者之间的距离；另外一方面随着中国电商基础设施的发展，从实体货物到消费者之间的链路缩短，整个效率在不断地提升。我们要看懂新锐品牌，一定要去分析整个渠道的变化带来的整个框架的改变。

我们总结了中国市场化经济 30 年以来的渠道变化和品牌建设，大体可以分为三个阶段。

第一个阶段，实体渠道中心化。最早可以追溯到计划经济时代统购统销的供销社，到后来市场经济早期的全品类的百货公司，然后再到后面各个细分品类的专业化的连锁店，比如我们看到的家电 3C 的苏宁、国美，医药零售的易风等。各个百货业态不断地细分，实体渠道在成长，同时品牌不断地崛起。品牌崛起过程当中借助了加盟或者直营方式，自建了渠道体系，比如家电领域的格力和美的。整个实体被电商冲击的过程，也是从商品消费到服务消费升级的过程，原来的百货商城已经全面转向迎合餐饮、影院、医美的购物中心，中心化实体渠道属于在消费品的细分品类向下的一个供应链效率的提升。

第二个阶段，互联网中心化。中国互联网从流量开始汇聚，自2000年开始到2006年、2007年左右，正式成为一个商品流通的渠道，构建了一个相当于类似经济体的概念，如亚马逊、淘宝、京东等，在这个过程当中，我们看到整个互联网商业经历了10年的黄金发展周期，经历了从终端设备PC到移动互联网两次集中度的提升，商业模式经历了从C2C经贸市场到B2C网上商场的变化。随着中国电商基础设施的不断完善，比如线上移动支付、物流、仓储、快递以及内容服务商，整个生态也在不断地完善。我们发现，中心化互联网的底层商业模式，如定价排名、关键字购买、品牌传播等正逐渐成为制约很多品牌线上发展的一个核心要素，所以那个时候大量的平台经济性公司开始往下走，阿里收购了高鑫零售，做了盒马业态。去中心化互联网重构了商品流通的效率，形成了新的商业模式。

我们现在看到流量去中心化，可以理解为流量的分散，在中国这种趋势基本上是从2010年开始的，到了2016年、2017年，形成了新的经济体，跟互联网中心化差不多，也是六七年的时间。在这个过程当中，我们看到用户获取信息的方式从点击到搜索。在这个过程当中，流量从公域平台开始向基于IP和品牌的背后私域流量迈进，流量到哪里，生意到哪里。流量分散过程当中形成新的经济体，如直播电商发展起来了，红人经济、CEO带货不断地出现在我们面前，形成新的商业模式、商业体。阿里是中心化流量的商业体，不是内容商，在流量去中心化过程中，抖音、快手有没有可能形成新的流量去中心化的商业体？分散的流量过程当中，整个商业模式不断地迭代，谁能够拥抱分散的流量，形成聚合效应，谁就能够实现强势增长。

姚振山：是否可以这样理解，如果按照类似完美日记这样的标的，投资者可以去找一些类似的对标企业，投资机会会不会比较多一些？

刘章明：可以这么理解，首先要有非常强的产品力、供应链能力，同时也要意识到品牌力和渠道力现在在融合，内容变成了渠道，品效合一了。一些品牌借助分散化流量，借助品效合一的高效链路，崛起的速度会比一些传统的巨型品牌快很多，也更容易被消费者所认知。

有色金属：抓“小”也要看“大”

姚振山：对于铜、铝这些品种，未来怎么看？

杨诚笑：锂、钴因为是新能源汽车的上游，所以在二级市场当中享受一些新能源汽车产业链估值上的溢价，像铜、铝偏传统领域一些，这是另外一个逻辑。这几个子行业大的方向有两类东西，这些东西要看价格的话，基本上就是三个方面，第一是供给，第二是需求，第三是流动性的宽松程度。

因为有色金属跟其他大宗商品有点不一样，从历史上来看，以前大家是做货币，包括黄金、白银、铜，有一个标准流通品的概念在，又有非常强的储藏功能，所以，每次我们看到全球的央行大规模宽松的时候，这些品种随着货币属性的强弱，它的表现是不一样的。2008 年金融危机以后，有一轮大量的宽松，我们明显看到，货币属性强的像黄金、白银、铜的表现是由强到弱。2008 年、2009 年那一轮，黄金价格反弹创历史新高，基本金属当中它的货币属性最强，更弱一些的像铝、锌就没有创历史新高，因为金融危机更多的靠宽松、放水，实体经济需求并没有恢复。

2008 年、2009 年金融危机之后，4 年的时间，美联储、世界各地的央行释放了 4 万亿美金。这一轮因为疫情的影响，3 个月之内，美联储资产负债表膨胀了 3 万亿美金，全球主要经济体，除了中国之外，利率都降到零了，甚至是负利率，这种宽松在历史上没有过。在这种大背景下，因为涉及宏观的东西，不管是有色金属、农产品——两三个月涨了 60%～70%，还是原油，需求都很差，但是价格在不断地上涨。在权益类资产里，消费股以及那些业绩很好或者未来成长很确定的板块，最近涨了很多，是因为它们的未来需求真的很确定，在货币宽松环境下，市场给了好资产非常高的溢价，这是从一个大的资产角度来看这个问题，所以这些东西都会涨，当然供需不一样造成它的涨幅会不一样。

2021 年随着疫苗不断地推出，经济活动不断地复苏，大家对于需求的预期更好一些，但是供给实际上还是受影响。今年供给端我们预测全球整个铜矿产出大概会增加 1%～1.5%。重点提一下，新能源车的发展对铜产品需求的拉动非常大，大家不要忘了，铜除了用在建筑上之外，最大的用途在导电。一台电动车需要 80 公斤的铜，现在全球一年的汽车产量接近八千万台，中国占了两千万台，铜的增量将会非常大。

大家注意到了很多国家推出了新能源汽车替代燃油车的日期，新能源车跟传统能源车的替代关系会是 8∶2 甚至 9∶1，以后人们会大量使用新能源车。在这种情况下，铜的需求从长期来看非常乐观，我们最看好铜，铝也是比较看好的。过去 5～10 年，在所有大宗金属里面，中国基本上每年的消费增速都是四五倍，占全球 50% 左右，中国已经从建筑铝材占大头变成工业铝材占大头。汽车要求轻量化，还有轨道交通，铝的应用范围越来越广，电解铝 2021 年基本上没有太大增长，增速在 1%～2%左右。氧化铝过去几年投产很多，在利润比较高的情况下，过剩比较严重。铝材料的成本在低位，铝的产品价格在高位，电解铝公司利润比较高。有自备电厂、铝土矿原料的企业利润值得重点关注。铜就是看量，未来三五年产量增长会有 30%～50%。行业 β 的价格在上升，α 和 β 都有才是最好的公司。

细分领域细细看

姚振山：免税行业的几个公司中，中国中免 160 倍市盈率，已经接近六千亿市值了，还在不断创新高；同样拿了免税牌照的王府井，70 多倍市盈率，但股票一直比较低迷。今年看免税行业的时候，这些股票，我是按照业绩去买，还是按照故事或者题材去买？或者干脆先放一放，因为在商业服务品类里，它是

不是不算最好的品种?

刘章明: 在商业服务品类中免税产业应该算是最好的品种、最强势的品种，大家买的是预期业绩。对免税市场需要站在一个更高的格局上来看：国家提出以内循环为主，双循环并重的这样一个新发展格局，免税行业其实既是内循环也是双循环的一个非常重要的焦点。因为疫情的原因，居民出入境基本上为零，所以国人消费在今年全部留在了国内，特别是对于奢侈品的消费。2019 年，中国海外消费的总规模在 2500 亿美元，其中 1250 亿美元是机票、酒店和餐饮消费，还有 1250 亿美元属于旅游购物消费，差不多是七八千亿的人民币。我们假设有三四千亿的量能够回到国内来，这本身对于消费回流，对于国内大循环来讲都是非常重要的一个补充。

今年我们看到国家全面支持海南的离岛免税政策，去年 6 月份出了海南离岛免税新政之后，人均免税额度、购货的品种，包括件数、行邮税的取消，对整个海南免税市场的规模增长形成了非常大的政策支持。

之前海南省委书记公开表示过，在“十四五”期间整个海南离岛免税规模可能会达到三千亿的体量，相当于将过去每年一半的海外消费回流到国内，整个海南市场会呈现 10 倍增长的态势。中国中免至少有两千亿左右的收入预期，离岛免税的利润率基本上是 20% 左右，中国中免未来远期利润非常高，其他参与者也会受益。

王府井牌照是 1991 年中小免税牌照制度实行以来发放的唯一一张牌照，政策导向意义非常强。2021 年北京环球影城要开业，对北京消费会有非常强的拉动。如果疫情结束，整个出入境恢复，口岸室内免税量都会起来，免税市场规模会呈 10 倍增长，龙头会实现非常强的业绩增长的预期，所以这其实是非常适合做的赛道。

姚振山：消费电子细分领域说得不够具体，五化是不是能改成两化、三化，提一点具体建议。还有一个问题，天风证券现在做调研主要集中在什么板块和市值范围？

赵晓光：弹性最大、空间最大的肯定是 AR。因为手表也好、耳机也好，都是智能手机的延续。电视是存量市场的一个换机。AR 是一个从无到有的过程，我们看到去年国内各手机厂商都推出了 AR 产品，今年苹果就会推出 AR 产品。AR 可以解放人的双手，能把虚拟的内容跟现实场景紧密结合，无论在 to C 还是 to B 端都有很大空间。如果说这 3 年最大的机会就是 AR。

我们非常勤奋，每个行业都在热火朝天地调研，但是总的来说确实偏向新能源、新材料、新科技、新消费。因为新的领域需要不断地调研，通过产业的交流、专家的交流，才能不断地加深认知，这些领域肯定交流调研的频率更高一些。像传统的铜、白银，这些行业自上而下有非常成熟的框架，我们定期跟上市公司、产业做验证就可以了。

我们主要的研究范围有两类，一类是对白马公司、龙头公司进行紧密跟踪，在它们出现非常好的位置的时候，我们能够及时跟进，让投资者跟进，这是比较确定的。第二就是挖掘未来的新龙头，这也有很重要的价值。对于小的公司，我们也会通过一些产业链上下游的方法进行挖掘、梳理，我们觉得比较好的，会再进一步研究。

姚振山：2021 年年初以来，沪深两市交易量屡创新高，有投资者就问了，券商股未来的表现如何？

宋雪涛：因为券商股是非常 β 的品种，跟整个大盘的关系很大，所以实际上它主要是判断大盘未来走势，包括它的成交量的变化。从最近这段时间来看，市场一定程度上已经呈现出泡沫化的走势，表现在市场的风险偏好，我们的整个情绪指数目前都处于一个非常高的水平。从交易量上来看，今天的交易量破万亿了，我们预计这种状态会持续到春节前后。因为从往常来看，春节前的资金面整体来说比较宽松，一般来说这段时间都是数据和政策的真空期，不太会出现来自经济基本面和政策面的大的风险。如果出问题的话就是市场交易结构自己出了问题，或者有一些外生性的问题。所以到春节前这段时间，市场上整体表现不会有太大的系统风险，整个市场成交量和情绪还会维持高位。这一段时间对券商有支撑，股票本身是市场成交量和情绪的指数，对券商股的判断从 β 角度来讲，还是建议大家多关注市场情绪、市场流动性环境以及监管对于市场的态度。

姚振山：关于 2021 年具体的交易策略，给大家什么建议？

宋雪涛：2021 年是一个从交易预期到交易现实的转变。估值因素会从去年的顺风变成一定程度的逆风，所以今年最重要的一点是要抓住业绩的确定性，既包括成长的确定性，也包括中国制造、中国消费、品牌出海，提升全球竞争力的确定性。今年的市场波动可能会比较大，收益可能会很高，反向也可能会蕴藏着比较大的风险。市场一定程度上已经具备了泡沫化的特征，具备了一定的脆弱性，但是现在还没有出现脆弱性要被触发并出现反转的迹象，所以希望大家能够在快车上面抓稳、坐好，但是也要记住一句老话，不要赚最后一个铜板。

主持人手记

“消费电子哪家强？天风研究任翱翔。”如果给券商研究所的差异化研究能力贴上标签的话，把消费电子的标签贴给天风的赵晓光，估计反对的声音不多。15 年消费电子的研究功力，体现在研究结论上，关于消费电子趋势“五化”的总结，应该是透彻的。而总结能力和概括能力，在这次对天风证券研究所的研究员的访谈中，也给我留下了深刻的印象。研究的功力不仅仅是挖掘出有潜力的股票，不断完善自我的研究体系，还得不断总结行业的发展阶段，站在更高的格局和视野上，观察产业趋势的变化。“一览众山小”与“身在此山中”，谁的挖掘能力更强呢？